Friedrich Pecht

Goethe-Galerie

Charaktere aus Goethe's Werken

Friedrich Pecht

Goethe-Galerie
Charaktere aus Goethe's Werken

ISBN/EAN: 9783742816276

Hergestellt in Europa, USA, Kanada, Australien, Japan

Cover: Foto ©Andreas Hilbeck / pixelio.de

Manufactured and distributed by brebook publishing software
(www.brebook.com)

Friedrich Pecht

Goethe-Galerie

GOETHE-GALERIE: CHARAKTERE AUS GOETHE'S WERKEN

Friedrich Pecht, Arthur Freiherr von Ramberg

Goethe-Galerie.

Charaktere aus Goethe's Werken.

Gezeichnet

von

Friedrich Pecht und Arthur von Ramberg.

Funfzig Blätter in Stahlstich.

Mit erläuterndem Texte

von

Friedrich Pecht.

Octav-Ausgabe.

Zweite Auflage.

Leipzig:

F. A. Brockhaus.

1877.

Verzeichniß der Abbildungen.

Verzeichniss der Abbildungen.

Goethe-Galerie.

Götz von Berlichingen.

Götz von Berlichingen.

(Götz von Berlichingen.)

Die Literaturgeschichte hat wol selten einen Erfolg gesehen, wie ihn Goethe's „Götz" bei seinem Erscheinen in Deutschland errang. Und doch war der Name dessen, der ihn geschrieben, vollständig unbekannt, es schien kaum ein kleines Wölkchen am wässerigen Blau unsers damaligen literarischen Himmels, aus dem dieser so gewaltig zündende Blitz herniederschlug, dessen Donner in allen deutschen Gauen widerhallte.

Trotz der Vortrefflichkeit des Werks muß man sich schon die damalige Zeit lebhaft vorstellen, um diese ungeheuere Wirkung zu begreifen, den tiefen Frieden, um nicht zu sagen Schlaf, in dem Deutschland theils nach Wieland's lüsternem Griechenthum sentimental träumte und seufzte, theils Gottschedisch-schulmeisterlich schnarchte, nachdem es mühselig Herrn Klopstock's holperige Verse verdaut, in welch beiden der philisterhafte ofenhockerische deutsche Biedermann so über den galanten Franzosen oder bärenhäutigen Germanen vorschlug. Allerdings war schon Lessing vorausgegangen, der ein ganzer Mann war wie einer, dessen Werke ebenfalls ein Stück von ihm selbst und nicht nur eine angenommene Maske waren, welche die wirkliche Persönlichkeit des Autors in einen komischen Widerspruch mit der literarischen brachte; aber er hatte doch nicht Gewalt genug gehabt, um etwas anderes zu sein als eine flammende Morgenröthe mit scharfem, freiem Luftzug; er hatte Deutschland wol aufgeweckt, aber es war noch ganz schlaftrunken. Die taffteten Hosen und Röcke, die Spitzenmanschetten und Jabots, die seidenen Strümpfe und Puderlocken,

Schminke und Schönpflästerchen jener Zeit charakterisiren ihren üppigen Quietismus, dessen Kehrseite dann der steife altpreußische Zopf. Nach keiner der beiden Richtungen hin war ein Fortschritt mehr möglich, besonders aber war die Verweichlichung durch Wieland aufs äußerste gestiegen, sodaß sie bereits überall Ekel erregte. Und in diese gepuderte Welt tritt nun auf einmal der schwere klirrende Fuß des geharnischten Götz, an ihre schnörkelhaft eingelegten Thüren klopft seine Eisenfaust, angeschnallt am nervigen Arm eines echten Mannes! War es da ein Wunder, wenn der Puder in mächtigen Wolken die Luft durchwirbelte, alle kernige Jugend jubelte, jene Jugend, deren Wiegengeläute der Kanonendonner des Siebenjährigen Kriegs gewesen, und die hier die alte, schöne, erschütternde Melodie mit überraschender Frische, mit ursprünglicher wilder Kraft erklingen hörte, welche die süß zwitschernden Sänger des göttinger Hainbundes beinahe vergessen gemacht?!

Auch Götz ist ein deutscher Biedermann, also das mannichfach variirte Ideal jener Zeit; aber ein Held dazu, nicht eine Schlafmütze daneben! Man fühlte, unser Blut strömte auch durch seine Adern, nur voller und gesunder; er war so ehrlich, treu, wohlwollend, gerade und fast so — grob, als die meisten von uns sind oder gern sein möchten, und dabei großen Sinnes und tapfer, von unverwüstlich gutem Humor, nicht mit übermäßig viel Witz und Geist, aber tüchtigem, gesundem Hausverstand: kurz er hatte nicht nur unsere Tugenden in erhöhtem Maße, sondern auch einige unserer liebsten Fehler; er war ebenso hartnäckig, eigensinnig, querköpfig, er wollte die Welt reformiren, aber ganz nach seinem Kopf, womöglich auch allein, wie wir's heute noch jeder möchten: war es da ein Wunder, daß man ihn so herrlich fand, da — er in so vielen Stücken uns aufs Haar glich?

Einige kleine Tugenden, die er vor der lärmenden Jugend und den alten majestätischen Perrüken voraushatte, konnte man ihm da leicht nachsehen; seine Liebe zu etwas gewaltthätiger Justiz verzieh ihm die Jugend, sie sympathisirt ja mit Recht überall mit dem auf Selbsthülfe gestellten Charakter, während die Alten dies vergaßen, weil er doch auch der ist, den die Fürsten hassen, und zu dem die Bedrängten sich wenden, der, welcher vom edelsten Vertrauen auf Gott belebt ist, sodaß er, da ihm die Hand abgeschossen ward, sagt: „Und wenn ich zwölf Händ' hätte, und deine Gnade wollte mir nicht, was würden sie mir fruchten, so aber kann ich mit einer ....“

Den einen gefiel, daß er so viel Durst hatte, den andern, daß er nie allein trank, sondern mit seinem letzten Knechte theilte, daß er als freier Edelmann auf seinen Gütern lebte und das Lungern und Scherwenzen, das Schnappen nach jedem fetten Bissen, kurz das ganze Hofschranzenthum am Adel verachtete.

Ein weiterer Reiz des Götz ist aber auch ganz besonders der, daß er den nationalen Gedanken zum ersten male mit einer Schärfe aussprach, wie es bis dahin seit langer Zeit in deutschen Landen unerhört gewesen. Oder würde einem nicht heute noch ganz warm ums Herz, wenn Goethe ihn schon vor hundert Jahren dem ganz particularistischen Weislingen gegenüber von den Fürsten sagen läßt:

> Ruh' und Frieden! Ich glaub's wohl! Den wünscht jeder Raubvogel, die Beute nach Bequemlichkeit zu verzehren. Wohlsein eines jeden! Daß sie sich nur darum graue Haare wachsen ließen! Und mit unserm Kaiser spielen sie auf eine unanständige Art —

wenn er so überall das Reich und sein Bestes voranstellt, die ihm im Kaiser personificirt sind!

Diese Anhänglichkeit wird hart auf die Probe gestellt, das Reich kann seine edelsten Söhne blos mishandeln wie sein Nachfolger, der heutige Bundestag; doch gerade hier zeigt sich die schöne Treue seines Herzens, er sorgt mehr um der Genossen Schicksal als um das seinige, in Heilbronn entlockt ihm der Verrath gegen sie endlich sogar eine Klage gegen den Himmel:

> Ist das Belohnung der Treue? des kindlichen Gehorsams? — Auf daß dir's wohl gehe, und du lange lebest auf Erden!

Götz wird in Goethe's Händen zum Typus des ganzen deutschen Volks in seiner unverwüstlichen Ehrlichkeit und Vertrauensseligkeit. Wenn er in diesem Charakter sagt: ich bin von jeher mit wenigem zufrieden gewesen, so kann man ihm, wie dem deutschen Volke mit Sickingen entgegnen: „Und bist von jeher zu kurz gekommen.“

Der Künstler hat sich in seinem Bilde ganz an die uns vom historischen Götz überlieferten gehalten, wie sie uns noch

Die Karschin.

F A Brockhaus Geogr.-artist. Anstalt Leipzig

neuerlich in seiner von einem Nachkommen verfaßten Lebensbeschreibung nach gleichzeitigen Bildern und Denkmalen vorgeführt werden; ebenso ist die Burg Jaxthausen im Hintergrunde alten Zeichnungen entnommen.

Während ihn der Dichter in dem Bauernkriege sterben läßt, so hat der wirkliche Götz, so sehr auch sein Charakter der Goethe'schen Schilderung durchaus zu entsprechen scheint, doch bekanntlich noch mehr als vierzig Jahre nachher gelebt, und es ist aus dem jugendlichen Raufbold und Kriegsmann mit der Zeit ein gar fleißiger Landwirth geworden, der mit den einst so angefeindeten heilbronner Bürgern gute Freundschaft hielt und sicherlich in dieser zweiten friedlichen Hälfte seines Lebens culturhistorisch nicht weniger interessant ist als in der kriegerischen ersten.

Die Seherin.

F. A. Brockhaus' Geogr.-artist. Anstalt, Leipzig

Die Gräfin.

(Wilhelm Meister.)

Ist das öffentliche Leben einer Nation unwürdig, die Zeit schlecht und herabgekommen, so wendet sich die Poesie mit Vorliebe der Schilderung der Frauen zu. Daß jener Fall zur Zeit der Schöpfung des „Wilhelm Meister" nur zu sehr an der Tagesordnung in Deutschland war, ist gewiß eine Hauptveranlassung, daß dieser Roman in seinem Hauptinhalt eine Verherrlichung der Frauen geworden; denn an den Thaten der deutschen Männer jener Zeit war nicht immer viel zu rühmen, wie uns die Schilderung Aureliens nur gar zu deutlich sehen läßt, noch mehr aber die Geschichte der neunziger Jahre zeigt. Kein Buch der Welt dagegen ist so reich an ebenso mannichfaltig als fein nuancirten reizenden Frauencharakteren, die, so schön und liebenswürdig sie auch fast alle sind, doch eine jede mit der andern so durchaus in nichts zusammentreffen, selbst wenn die äußern Bedingungen ihrer Existenz dieselben sind. Oder wäre es möglich fünf Frauen zu zeichnen, welche, alle fünf zur Bühne erzogen, doch so unendlich verschieden wären als die sinnliche, leichtsinnig-gutmüthige Marianne, die sentimentale Frau Melina, Mignon's tiefernste, glühende Figur, die geniale Künstlerin Aurelie, das geniale Mädchen Philine? Wie fein ist besonders der Unterschied in der Genialität der beiden letztern gezeichnet; aber wie vortrefflich sind auch die übrigen Frauen, die uns vorgeführt werden: die klare freundliche Natalie, die listige, intriguante, kokette Baronin, die thätige, prosaisch nüchterne, hausbackene und doch geistreiche Therese, die Innigkeit der „schönen Seele" geschildert, und vor allen wie meisterhaft gelungen ist die doch nur mit so wenigen Strichen gezeichnete Gräfin. Welcher Parfüm der Vornehmheit ist in allem, was sie thut und sagt; glauben wir nicht überall das Rauschen der seidenen Gewänder, das Knistern des Parquets unter ihren leichten Tritten zu hören, jene unbeschreibliche Atmosphäre einzuathmen, die hochgeborenen Frauen eigen, wenn sie auftreten?

Ist die ganze Episode vom Aufenthalt der Schauspielergesellschaft im Schlosse vielleicht die meisterhafteste Partie des Buchs, von einer unübertrefflichen Wahrheit, einem unsterblichen Humor, der um so köstlicher wirkt, als der Autor niemals seine Ruhe und Würde verliert, niemals eine Miene zu verziehen scheint, auch wenn er die drolligsten Sachen erzählt, so ist besonders die Figur des Herrn Grafen von einer unwiderstehlichen Komik; das Bewußtsein seiner Ueberlegenheit spricht so machtvoll aus ihm, daß wir, wenn irgendjemand, ihm das kleine Malheur von Herzen gönnen, das ihm der junge Mann anthut, dessen persönliche Liebenswürdigkeit und Bescheidenheit neben der hohen Feierlichkeit des Grafen allerdings sehr vortheilhaft abstechen.

Es ist eine Eigenthümlichkeit der Frauen, daß sie bei aller Hingebung und unbeschränkten Aufopferungsfähigkeit ihres Charakters doch für nichts so empfänglich sind als für ein wenig Anbetung und Abgötterei; sie wollen fast alle lieber vergöttert als blos geehrt sein, lieber bezaubern als erfreuen, und so ist denn auch die Vergötterung ein viel leichteres Mittel sie zu verführen als die bloße Liebe, und man kann es nicht sicherer erlangen, daß sie gnädig auf uns herunterblicken, als wenn man nur erst recht zu ihnen hinaufschaut, ohne es doch gerade so dringend nothwendig zu haben.

So wird denn auch unsere schöne Gräfin durch nichts so für Wilhelm gewonnen, als daß ihr der junge geistvolle Mensch immer mit so großer Ehrfurcht naht wie gleich bei seinem ersten Auftreten, als er, durch den Anblick ihrer Reize geblendet, in so sichtliche Verwirrung geräth.

Er hätte diese Verwirrung vielleicht nicht in dem Grade empfunden, wenn sie eine weniger breite Crinoline, weniger Juwelen und Blumen getragen, nicht Lakaien im Vorzimmer, betreßte Jäger auf dem Bock und einen so majestätischen Pe-

bauten zum Manne gehabt hätte; denn in einem gewissen Alter sind die Nerven junger bürgerlicher, hübscher und eitler Männer außerordentlich leicht reizbar durch Odeurs, Handschuhe, Atlasduft und Gazeschimmer. Die Weise, wie das reine, gewissenhafte, eher ängstliche Gemüth der Gräfin dennoch bis zu einem Geständniß ihrer Neigung kommt, während sie doch gleich allen Frauen nicht nur Pflichtgefühl, sondern auch als fast noch größeres Hinderniß ein übermäßiges Standesbewußtsein hat, ist mit außerordentlicher Feinheit gezeichnet, besonders die Art, wie letzteres hervortritt. Wie reizend wahr läßt sie der Dichter gleich bei ihrem ersten Auftreten bedauern, daß die Schauspieler unglücklicherweise — nur Deutsche sind. Ein französischer Hanswurst gälte ihr immer noch mehr als ein deutscher Friedrich Ludwig Schröder! Wenigstens vorläufig, bis sie beide näher kennen lernt.

Die Herzensgüte herrscht bei ihr entschieden vor, aber sie hat jene durchweg vornehme Art derselben, die sich am liebsten sofort durch Schenken äußert: kaum ist sie durch Wilhelm's Erscheinung angenehm angeregt, so wird auch die erste Gelegenheit zur Freigebigkeit ergriffen und Philine reich beschenkt. Wie lieblich aber weiß sie vollends den Menschen Wilhelm für die Unaufmerksamkeit, die sie dem Dichter gezollt, zu entschädigen nach jener unvergleichlich geschilderten Lever-Scene, in der man das ewige Hin- und Hergetrippel so zu hören glaubt, daß man zuletzt selbst auf Kohlen sitzt. Wie hübsch ist auch die Art, wie die Baronin als Zeitvertreib eine kleine Intrigue zwischen den beiden einzuleiten weiß, geschildert, und wie sie zugleich für eigene Rechnung dieselbe ausbeutet! In dem allen ist eine so schlagende Natürlichkeit, daß man fast darauf schwören möchte, daß hier Goethe direct aus der Erinnerung zeichnete. Wie der Standesunterschied, der doch eine große Mauer sein sollte, bei gebildeten Menschen aber eben auch nur eine fingirte ist, gerade zum Versucher werden kann, finden wir reizend beschrieben:

> Sich wechselseitig anzusehen, war ihnen ein unaussprechliches Vergnügen, dem sich ihre harmlosen Seelen ganz überließen, ohne lebhaftere Wünsche zu nähren oder für irgendeine Folge besorgt zu sein.
>
> Wie über einen Fluß hinüber, der sie scheidet, zwei feindliche Vorposten sich ruhig und lustig zusammen besprechen, ohne an

> den Krieg zu denken, in welchem ihre beiderseitigen Parteien begriffen sind, so wechselte die Gräfin mit Wilhelm bedeutende Blicke über die ungeheuere Kluft der Geburt und des Standes hinüber, und jedes glaubte an seiner Seite, sicher seinen Empfindungen nachhängen zu dürfen.

Nichts ist gefährlicher in solchen Verhältnissen, als wenn zwei reine unerfahrene Gemüther zusammenkommen. Die Frau wird in diesem Fall allemal geneigt sein, es mit diesem oder jenem Schritte nicht so genau zu nehmen, indem sie zu sicher zu sein glaubt, daß der Mann keinen Misbrauch davon machen werde; und so kommt sie ihm regelmäßig auf mehr als halbem Wege entgegen.

Da pflegt es dann zuletzt zu gehen wie in der Scene des Abschieds geschildert ist:

> So oft er die Gräfin anblickte, schien es ihm, als wenn ein elektrischer Funke sich vor seinen Augen zeigte; er wußte zuletzt nicht mehr, wo er Athem zu seiner Recitation hernehmen solle.

Es ist dies der Augenblick, wo die Gräfin, um ihre Verwirrung zu verbergen, Wilhelm den Ring schenkt, in welchem Moment der Künstler sie darstellt, da hier ihr eigenstes Wesen am meisten hervortritt; denn mögen einen die Männer etwas weniger, wenn sie einen beschenkt haben, so lieben die Frauen immer mehr, das Geschenk bindet sie statt des Empfängers; und so folgt denn auch die lieblichste Hingebung erst an den beschenkten Wilhelm.

Fr. Fecht gez.

— Faust —

F. A. Brockhaus' Geogr.-artist. Anstalt, Leipzig

Faust.

(Faust.)

Erscheint uns des Dichters Meisterwerk wie einer unserer herrlichen gothischen Dome, der bei aller Pracht und Großartigkeit unvollendet geblieben und endlich durch einen modernen Ausbau in akademisch-griechischem Stil — dem zweiten Theile — zu nothdürftigem, aber wenig harmonischem Abschlusse gebracht worden ist, so werden wir uns wohl hüten, in die endlos angeschwollene Flut der Faust-Literatur auch unser Brünnlein noch fließen zu lassen und uns über die Bedeutung des unsterblichen Werks des weitern zu verbreiten; denn bekanntlich ist es ein undankbares Geschäft, Wasser ins Meer zu tragen! Wer Lust hat, sich über dieselbe zu belehren, mag sich an andere halten! Wir beschränken uns auf die Rechtfertigung der Personen, wie sie dem Künstler als Bilder aufgegangen sind, und beginnen dieselbe demgemäß mit dem Träger des Stücks, jedenfalls der bedeutendsten Figur, welche Goethe oder vielmehr die deutsche Dichtkunst überhaupt geschaffen hat.

Wenn Faust dies ohne Zweifel ist, so verdankt er diese Wichtigkeit wol dem Umstande, daß in keiner andern der Genius unserer Nation und seine innersten Neigungen solch einen prägnanten Vertreter gefunden haben. Denn bei keinem andern Volke ist der Hang zur Speculation, die Neigung, über sich selbst und seine Bestimmung ins Klare zu kommen, den Urgrund aller Dinge zu kennen, so charakteristisch als bei den Deutschen. Faust hat ein durch und durch nationales Gepräge, er ist der Typus unsers eigensten Wesens. Daß er dazu geworden, ist wol Goethe's Verdienst allein und nicht das der Volkssage: nur in der Mythe des Prometheus und der biblischen Erzählung von Jakob, der mit Gott ringt, finden wir ein Gegenstück zu dem Kampfe, dessen Held der Goethe'sche Faust geworden, der uns hier als Repräsentant der ganzen

Menschheit, als der Mensch überhaupt entgegentritt, um den sich ja beständig die guten und die bösen Mächte streiten — die uns im Herrn und Mephistopheles personificirt sind —, und so der Kampf, der im Innern des Menschen vor sich geht, durch den Dichter nach außen verlegt wird.

Als bloßer Normalmensch wäre Faust eine unpoetische Abstraction gewesen, der Dichter macht ihn daher nicht nur zu einem bloßen Repräsentanten der Gattung, sondern er pflanzt ihn auf bestimmten, den deutschen Boden, in eine specielle Zeitperiode, gibt ihm eine reich mit individuellen Zügen ausgestattete Figur, an deren leidenschaftlichem heißen Streben wir einen persönlichen Antheil nehmen, deren Kämpfe auch die Naturen mit dem Gefühle mitzukämpfen vermögen, welche sie nicht mit dem Verstande begreifen, weil eben der Mensch selbst unsern Antheil schon vorher erweckt. Es ist die Eigenschaft eines echten Kunstwerks, daß es einem jeden etwas bietet, und von allen Werken der deutschen Poesie erfüllt wol „Faust" diese Bedingung am allermeisten: kein Stand und kein Alter, kein noch so verschiedener Bildungsgrad wäre denkbar, der nicht in dieser wunderbaren Schöpfung Stoff zum Genuß, zum Entzücken fände.

Lieben kann man nur, was einem persönlich wird, was man sich zu beseelen vermag; daß Faust uns das werde, dafür hat der Dichter also hinlänglich gesorgt. Wir lernen ihn als deutschen Gelehrten des Mittelalters — als Universitätsprofessor — kennen:

> Heiße Magister, heiße Doctor gar —

finden ihn in einem engen und beschränkten Kreise, zu dem sein grenzenloses Streben den tragischen Gegensatz bildet. Demgemäß zeigt ihn uns auch der Künstler eingeschlossen in seinem „verfluchten dumpfen Mauerloch",

> Wo selbst das liebe Himmelslicht
> Trüb' durch gemalte Scheiben bricht!
> Beschränkt von diesem Bücherhauf, . . .
> Mit Gläsern, Büchsen rings umstellt, . . .
> Das ist deine Welt! das heißt eine Welt!

Da er „schon an die zehen Jahr" Schüler hat, so müssen wir annehmen, daß er etwa in den Dreißigen, im kräftigsten Mannesalter steht —

Ich bin zu alt, um nur zu spielen,
Zu jung, um ohne Wunsch zu sein.

Als echter Gelehrter ist er arm und hat, wie er selbst klagt, wenig Geschick, die Welt, bei deren Freuden er sich doch Vergessen seiner Pein holen möchte, anzufassen.

Ein blasser Schulfuchs oder selbst ein blasser abstracter Denker würde unsern Antheil aber noch schwerlich fesseln: dazu braucht es die heiße Leidenschaftlichkeit, die überall bei ihm herausbricht, das tiefe Gefühl für alles Hohe und Schöne, die nervige Beredsamkeit, in der er seinem Schmerze Luft macht und uns seine glühende Aufregung mittheilt, die wilde Gewalt des Willens, das unerschrockene Herz, den durchdringenden Geist, die aus ihm einen durch und durch genialen Menschen machen:

Vom Himmel fordert er die schönsten Sterne,
Und von der Erde jede höchste Lust,
Und alle Näh' und alle Ferne,
Befriedigt nicht die tiefbewegte Brust —

es braucht endlich selbst die rastlose Ungeduld, mit der Faust den langen Weg der Forschung im Eifer verwirft und mit übernatürlichen Mitteln, das ist vermittelst der Intuition sucht:

Daß ich erkenne, was die Welt
Im Innersten zusammenhält,
Schau' alle Wirkenskraft und Samen,
Und thu' nicht mehr in Worten kramen.

Seine Verzweiflung, das gesuchte Ziel auf dem natürlichen Wege der langsamen Forschung zu erreichen, concentrirt sich in den Worten:

Geheimnißvoll am lichten Tag
Läßt sich Natur des Schleiers nicht berauben,
Und was sie deinem Geist nicht offenbaren mag,
Das zwingst du ihr nicht ab mit Hebeln und mit Schrauben.

Ebenso spricht er den Zwiespalt in seiner Brust rührend aus:

Zwei Seelen wohnen, ach! in meiner Brust,
Die eine will sich von der andern trennen;
Die eine hält, in derber Liebeslust,
Sich an die Welt mit klammernden Organen;
Die andre hebt gewaltsam sich vom Dust
Zu den Gefilden hoher Ahnen —

bis er sich endlich nach Offenbarung sehnt, zur Heiligen Schrift greift, aber auch bei dieser der Zweifel nicht ledig wird. In dieser Scene finden wir ihn dargestellt, wie er vor dem heiligen Buche sitzend durch das Geräusch des Pudels hinterm Ofen zum Aufblicken veranlaßt wird.

Was uns Faust nicht nur lieb macht, sondern ihm selbst seine Verbrechen, die er im Bunde mit Mephistopheles begeht, verzeihen läßt, ist die Hoheit seines Geistes, der ehrliche Wille bei aller siedenden Leidenschaftlichkeit, die Wärme und Liebe, die er allem zuwendet, und die Furchtlosigkeit, mit der er jedes Grauen überwindet, um in die Abgründe der Welt wie des menschlichen Herzens hinabzusteigen.

Es sind das in dieser Mischung echt deutsche Eigenschaften, und sie retten ihn, da sie ihn mitten im Sinnentaumel, in den ihn Mephistopheles gestürzt, die Schönheit der Natur, das Edle und Liebenswürdige, wo er es trifft, überall verehren lassen, und es ihm in seinem rastlosen Streben endlich durch unausgesetzte Arbeit und nützliche Thätigkeit in allen möglichen menschlichen Verhältnissen gelingt, die Gegensätze in sich auszusöhnen, Vernunft und Verstand, Geist und Sinnlichkeit, Idealismus und Realismus sich durchdringen zu lassen, und so selig zu werden, das ist durch Anerkennung der Schranke zur Freiheit zu kommen, wie er es zu Ende des zweiten Theils ausspricht:

Der Erdenkreis ist mir genug bekannt,
Nach drüben ist die Aussicht uns verrannt;
Thor! wer dorthin die Augen blinzend richtet,
Sich über Wolken seinesgleichen dichtet!
Er stehe fest und sehe hier sich um;
Dem Tüchtigen ist diese Welt nicht stumm;
Was braucht er in die Ewigkeit zu schweifen!
Was er erkennt, läßt sich ergreifen. . . .
Das ist der Weisheit letzter Schluß:
Nur der verdient sich Freiheit wie das Leben,
Der täglich sie erobern muß.

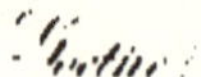

Goethe.

Sehen wir im jungen Goethe den Apoll verkörpert, wie er mit begeisterten Blicken die goldene Leier rührt, so scheint im gealterten Zeus Kronios selbst in seiner majestätischen Ruhe wiedererstanden zu sein. Der ambrosischen Locken dunkele Fülle, die des jugendlichen Dichters Haupt beschattete, sie ist vor der machtvollen königlichen Stirn zurückgewichen; das strahlende Auge, das alle Schönheit der Welt so durstig in sich trank, dessen verzehrendes Feuer die Herzen aller Frauen höher schlagen machte, wenn sein Strahl sie traf, es leuchtet noch in alter Glut, aber in durchdringender Klarheit, es blitzt auch zuweilen in vernichtender Schärfe; jener Mund, der so süße Lieder sang, den alle Grazien umschwebten, der in unersättlicher Schaffenslust zuckte, er ist ernst und schweigsam geworden, es ist eine gehaltene Kraft, eine ungestillte Sehnsucht darin, die uns sagen, daß dieser Mann gleich Faust niemals aufhören wird, sich strebend zu bemühen, daß er die Lösung der Räthsel des Daseins unaufhörlich versucht, wiewol ihm auch bewußt ist, daß er sie nie vollständig erreichen kann, daß sein letztes Wort noch ein Ruf nach „mehr Licht“ sein wird!

Leben heißt leiden, auch bei dem Glücklichsten, wie Goethe sicherlich deren einer war, da ihn wol nicht der Schmerz, aber doch jene Misère des Lebens verschonte, die Schiller so früh erdrückt hat, und so sehen wir denn auch in seinem Antlitz wol die Narben ernster Wunden eingegraben, aber wenigstens keine des täglichen kleinen Aergers, wie bei den meisten Menschen. Es hat hier keine Säure des Gemeinen sich angesetzt, kein fressend Gift hat seine tiefen Spuren durch das herrliche Antlitz verwüstend gezogen. Jene heitere, prächtige, glatte Stirn, hinter der sich die goldenen Träume des Jünglings woben, die Zeit hat sie gefurcht, aber sie hat ihr an stolzer

Majestät zugelegt, was sie ihr an sonnigem Schönheitsglanze nahm; aus dem begeisterten, vom Genius trunkenen Dichter ist ein mächtiger Geisterfürst geworden; bezauberte uns der eine, so erfüllt uns der andere mit scheuer Ehrfurcht; das dämonische Wesen des Genius wirkt noch verstärkt, aber auch veredelt auf uns. Schien der Jüngling den Himmel zu stürmen, so scheint der alternde Mann ihn bereits erobert zu haben und, im Besitz desselben gesichert durch seine Blitze, jeden Eindringling ruhig abzuweisen.

Sehen wir im ersten die poetische Inspiration personificirt, so scheint die Weisheit selber auf der Stirn des Mannes zu thronen, überall ist das Sinnliche dem Sinn, die Ahnung der Forschung gewichen, jenes tiefe Naturgefühl dem Streben, den Zusammenhang aller Dinge zu ergründen; die Philosophie hat mit der Poesie die Plätze getauscht, ohne daß die eine der andern vollständig gewichen wäre, denn das Bewunderungswürdigste an Goethe ist immer die Universalität dieses Geistes, dem nichts fremd zu bleiben scheint, was jemals die Welt bewegt, die Menschen durchzuckt hat. Von der Glut des Jünglings ist nur die schöne Wärme übrig geblieben, weises Maß hat die Frische ersetzt, die höchste Kunst ist an die Stelle der unmittelbaren Natur getreten, die stürmende Leidenschaft mit ihrer hinreißenden Beredsamkeit, sie hat den Platz der geheimnißvollen, tiefsinnigen Symbolik geräumt, der frische Naturlaut weicht der vollendeten Form.

Der Weg, den der Dichter Goethe durchmessen hat, ist ein ungeheuerer, und wenn unsere Sympathie der zauberischen Gewalt seiner Jugendwerke zugewendet bleiben wird, so folgt unsere Bewunderung doch immer noch dem Idealismus seines Alters. Denn das ist das Merkwürdige dieses Geistes, daß er, vom schärfsten, schonungslosesten künstlerischen Realismus ausgehend, seine Werke allmählich mit immer mehr Idealität durchdringt, bis diese zuletzt eine fast einseitige Herrschaft über seine Production gewinnt, während umgekehrt der Mensch in ihm den entgegengesetzten Weg von der schrankenlosesten Subjectivität bis zur klarsten objectiven Ruhe durchmißt.

Man lernt nie aus an dieser reichen Natur, und es gewährt ein unerschöpfliches Vergnügen, den Wegen nachzuspüren, welche die verschiedenen Fähigkeiten derselben gingen, und die eigenthümlichen Mischungen zu betrachten, die sie miteinander eingehen, dem Gesetze folgend, das er selber in den „Wahlverwandtschaften" mit so unübertrefflicher Meisterschaft geschildert. Es spiegelt dieses Goethe'sche Geistesleben uns gewissermaßen das der ganzen Menschheit in seiner unerschöpflichen Mannichfaltigkeit, wenn wir nach jenen ersten Werken, die uns, wie „Die Mitschuldigen", „Götz", „Werther", „Clavigo", den unmittelbarsten Naturlaut, den Schrei und Sturm der Leidenschaft mit so durchaus realistischer Kraft schildern, also nur den Drang der Natur befriedigen, allmählich das Bedürfniß der erhöhten Form stärker werden sehen, demnach die Cultur, die Freude an der Kunst an sich auftreten sehen, wenn sie auch noch durchaus auf der Basis der Natur ruht, immer noch durchaus individualisirend und realistisch verfährt wie in „Egmont", „Tasso", „Faust", bis die künstlerische Vollendung der Form mit der höchsten Naturwahrheit in „Iphigenie" und „Hermann und Dorothea" ihren Triumph feiern, sich aufs vollständigste durchdringen.

Von da an aber beginnt sich der Realismus bei Goethe ganz in seine wissenschaftlichen Arbeiten zu flüchten — wie denn die Wissenschaft auch in der Culturgeschichte überall Kunst und Poesie verdrängt, ihnen wenigstens nachfolgt —, die poetischen Arbeiten werden jetzt immer idealisirender, die Form wird zuletzt alles, wie bei der „Natürlichen Tochter", wo die Gestalten fast aller Individualität entbehren und wenig mehr als blasse Schemen, Abstracta übrig bleiben, oder wie im zweiten Theil des „Faust", wo sie in Symbolik aufgelöst werden, während sie im ersten noch die größte Lebensfülle zeigen. Dafür entschädigt uns die tiefsinnige Weisheit, die ihnen der Dichter in den Mund legt und die er der Wissenschaft, der Philosophie, dem Studium des Lebens verdankt; wir glauben an ihn, wenn wir längst an seine Figuren zu glauben aufgehört haben. Daneben aber macht diese Fähigkeit der scharfen Beobachtung nun auf einmal die überraschendsten und folgenreichsten Entdeckungen in den Naturwissenschaften; der Realismus, den er der Dichtung entzieht, kommt ihm hier auf das merkwürdigste zugute. Das alles aber spielt nicht etwa blos hintereinander her in seinem Leben, sondern lange Zeit auch nebeneinander; denn wie nahe liegen nicht „Hermann und

Dorothea" und „Die natürliche Tochter" der Zeit nach bei ihm zusammen, und wie bald wird nicht diese wieder von den durch das feinste Naturstudium getragenen „Wahlverwandtschaften" gefolgt, die neben der Formvollendung jener uns wieder ein sehr loses künstlerisches Gefüge zeigen. So überrascht er uns immer wieder durch neue Wendungen. Während andere Künstler mit früh angeeigneter Meisterschaft gleich Shakspeare, Walter Scott uns eine lange Reihe gleichartiger Productionen geben, in denen mehr oder weniger immer der ganze Mensch zu erkennen ist, so wird bei ihm eine jede wieder neugeartet, bezeichnet eine neue Phase in seinem Leben, spiegelt aber nur einen einzelnen Theil seiner künstlerischen Persönlichkeit wider und gibt uns so ewig neue Räthsel. Immer werden wir wieder zu neuer Bewunderung hingerissen durch den ungeheuern Reichthum eines Geistes, der ein größeres Gebiet zu umfassen und zu durchdringen vermochte, als bisher irgendeinem Sterblichen vergönnt ward. Wir wüßten unter den Alten nur einen, der ihm an Universalität des Geistes und gleichzeitiger Meisterschaft in einzelnen Feldern der Production an die Seite zu stellen sein möchte: Leonardo da Vinci, obgleich ihn auch dieser an ungeheuerer Wirksamkeit auf die Bildung seiner Nation nicht entfernt erreicht.

F. Vecht sc.

Dorothea.

F. A. Brockhaus' Geogr.-artist. Anstalt, Leipzig

Dorothea.

(Hermann und Dorothea.)

Frauenzauber ist bei weitem weniger an Stand und Bildung gebunden als das Interesse für den Mann, denn das letztere hängt viel zu genau mit dem, was er denkt, thut, schafft und strebt, was aus ihm spricht, zusammen, als daß wir es nicht vorzugsweise dem Gebildeten oder doch sich zur Bildung kühn Emporringenden zuwenden sollten, da uns pflügen oder schustern einmal nicht so fesseln können als herrschen, kämpfen oder erfinden. Um zu bezaubern, brauchen die Männer schon sehr nothwendig die Höhe der Stellung oder die Glorie des Ruhms. Bei der Frau ist es aber ziemlich gleichgültig, ob sie Spitzen trägt oder — Wasser, der Gürtel der Venus wird der Dienerin fast ebenso oft zum Erbtheil als der Hofdame, der sie dient, die Hauptbeschäftigungen bleiben in allen Ständen dieselben. Soll die Frau ein erhöhtes Interesse durch das, was sie thut, gewinnen, so muß sie ins Bereich der Männer übergreifen; auch sie muß herrschen, kämpfen, künstlerisch wirken, und nicht immer führt dieser Weg sicherer zum Ziel.

Dorothea nun tritt zuerst in der Rolle auf, die den Frauen am besten steht: im Hülfeleisten. Wir lernen sie als thätig und entschlossen kennen, rasch besonnen spricht sie Hermann um Unterstützung für ihre Anvertrauten an. Sie zeigt bei diesem edeln Wirken zunächst das höchste Geschenk, das die Natur dem Weibe geben kann, eine seltene Schönheit, die Hermann sofort gefangen nimmt:

> Denn wol schwerlich ist an Bildung ihr eine vergleichbar.
> Aber ich geb' Euch noch die Zeichen der reinlichen Kleider:

Denn der rothe Latz erhebt den gewölbeten Busen,
Schön geschnürt, und es liegt das schwarze Mieder ihr knapp an;
Sauber hat sie den Saum des Hemdes zur Krause gefaltet,
Die ihr das Kinn umgibt, das runde, mit reinlicher Anmuth;
Frei und heiter zeigt sich des Kopfes zierliches Eirund;
Stark sind vielmal die Zöpfe um silberne Nadeln gewickelt;
Vielgefaltet und blau fängt unter dem Latze der Rock an
Und umschlägt ihr im Gehn die wohlgebildeten Knöchel....
Da versetzte der Pfarrer, mit Blicken die Sitzende prüfend:
Daß sie den Jüngling entzückt, fürwahr, es ist mir kein Wunder;
Denn sie hält vor dem Blick des erfahrenen Mannes die Probe.

Anmuth, Heiterkeit, Reinlichkeit, Gesundheit sind hier nicht umsonst so stark betont, sind sie doch die werthvollsten Begleiterinnen der Schönheit. Doch wir lernen neben diesen Gaben der herrlichen Jungfrau gleich noch eine kennen, die sonst blos den Männern gehört, ihr aber im Bunde mit den übrigen einen seltenen Reiz verleiht: heroischen Muth und Entschlossenheit im Kampfe für ihre jungfräuliche Ehre:

Aber sie riß dem einen sogleich von der Seite den Säbel,
Hieb ihn nieder gewaltig, er stürzt' ihr blutend zu Füßen.
Dann mit männlichen Streichen befreite sie tapfer die Mädchen,
Traf noch viere der Räuber; doch die entflohen dem Tode.
Dann verschloß sie den Hof und harrte der Hülfe bewaffnet.

Haben diese Vorzüge schon mehr als ausgereicht, um Dorothea zu einer ungewöhnlichen Erscheinung zu machen, so zeigt sie uns deren doch noch mehrere; gut und hülfreich, wie wir sie kennen gelernt, ist sie auch stark und gefaßt bei Schmerzen, die tiefer gehen und schwerer abzuwehren sind als die wilde Brutalität:

Auch mit stillem Gemüth hat sie die Schmerzen ertragen
Ueber des Bräutigams Tod, der, ein edler Jüngling, im ersten
Feuer des hohen Gedankens, nach edler Freiheit zu streben,
Selbst hinging nach Paris und bald den schrecklichsten Tod fand.

Es ist ein feiner Zug der Dichtung, daß Goethe die so schöne Gestalt auch noch mit dem Zauber des Unglücks umgibt, daß er sie schon einmal geliebt, ein schweres Geschick in all seiner Bitterkeit durchgekostet haben läßt, das eine Natur wie die ihrige nur vertiefen und veredeln, ihren Eindruck für ein unversuchtes Gemüth, wie das Hermann's, nur um so unwiderstehlicher machen kann, wenn er auch den Thatbestand bald herausfühlen muß:

Glaubt Ihr, es sei ein Weib von solcher Schönheit und Sitte
Aufgewachsen, um nie den guten Jüngling zu reizen?
Glaubt Ihr, sie habe bisjetzt ihr Herz verschlossen der Liebe?

Das fühlend, verbirgt er denn auch sein Inneres:

Jedoch ihr von Liebe zu sprechen,
Wär' ihm unmöglich gewesen; ihr Auge blickte nicht Liebe,
Aber hellen Verstand und gebot, verständig zu reden.
Und er faßte sich schnell —

lernt erst ihre Freundlichkeit, Bescheidenheit, ihr sicheres, verständiges Wesen kennen, das indeß auch das Bewußtsein ihres Werthes nicht ausschließt; im Gegentheil, es ist eine stolze Demuth, die ihr vortrefflich steht. Die Offenheit, mit der sie sein Anerbieten, in Dienst zu treten, annimmt, bezaubert uns, und noch mehr das Zartgefühl, mit dem sie ihre alten Beziehungen löst:

Ja, ich gehe mit Euch, sobald ich die Krüge den Freunden
Wiedergebracht und noch mir den Segen der Guten erbeten.
Kommt! Ihr müsset sie sehen und mich von ihnen empfangen.

Zu dem allen aber hätte ein glückliches, schönes Naturell, wie es ihr von der Natur verliehen, der sichere Takt, den es gewährt, ausgereicht; aber Dorothea zeigt nicht nur richtiges Gefühl in dem, was sie thut, sondern auch überall Geist in dem, was sie sagt, sei es nun, daß sie über das Dienen sich ausspricht:

Dienen lerne bei zeiten das Weib nach ihrer Bestimmung;
Denn durch Dienen allein gelangt sie endlich zum Herrschen,
Zu der verdienten Gewalt, die doch ihr im Hause gehöret....
Wohl ihr, wenn sie daran sich gewöhnt, daß kein Weg ihr zu sauer
Wird und die Stunden der Nacht ihr sind wie die Stunden des Tages,
Daß ihr niemals die Arbeit zu klein und die Nadel zu fein dünkt,
Daß sie sich ganz vergißt und leben mag nur in andern! —

sei es, daß sie sich nach der neuen Herrschaft erkundige und sich darüber mit reizender Anmuth äußere:

Alles, was ich gelernt und was ich von jung auf gewohnt bin,
Was von Herzen mir geht — ich will es dem Alten erzeigen.

Dorothea wäre bisjetzt eine Sonne ohne alle Flecken, beinahe zu überlegen für unsern tüchtigen Hermann nicht nur, sondern auch für uns Zuschauer, die durch zu große Vollkommenheit immer ein wenig entfernt werden, ja sich herabgedrückt fühlen müssen. Daß sie uns also der Dichter auch empfindlich und leicht verletzlich wie — alle Frauen zeigt, daß sie, die alles aus ihrem sichern Naturell heraus thut, nun bei den neckenden Worten des Vaters auch gleich aufbraust und ihm sehr tüchtig die Meinung sagt:

Und ich weiß, ich stehe vor Euch, dem gebildeten Manne,
Der sich klug mit jedem beträgt und gemäß den Personen.
Aber so scheint es, Ihr fühlt nicht Mitleid genug mit der Armen,
Die nun die Schwelle betritt und die Euch zu dienen bereit ist;
Denn sonst würdet Ihr nicht mit bitterem Spotte mir zeigen,
Wie entfernt mein Geschick von Euerm Sohn und von Euch sei.
Ist es edel, mich gleich mit solchem Spotte zu treffen,
Der auf der Schwelle beinah' mich schon aus dem Hause zurücktreibt? —

indem sie uns so beweist, wie sie nicht nur das Herz, sondern auch den Mund auf dem rechten Fleck hat; wenn ihr endlich die Mehrung des Misverständnisses durch den Pfarrer das Gemüth so erhitzt, daß sie nun gleich mit ihrem innersten Geheimniß, der Neigung für Hermann, herausfährt — das erhöht, eben weil es viel eher individuell als ideal ist, sicherlich nur ihre Liebenswürdigkeit in unsern Augen, da es sie uns menschlich näher bringt. Vollkommen erobert uns aber die Weise, wie sie Hermann's Erklärung aufnimmt, und die edle Offenheit, mit der sie die frühere Liebe eingesteht. Eine kleinere Seele würde das Andenken in der Erzählung vielleicht geschwächt haben, während sie es in seiner ganzen Stärke gesteht:

O, verzeih, mein trefflicher Freund, daß ich, selbst an dem Arm dich
Haltend, bebe! So scheint dem endlich gelandeten Schiffer
Auch der sicherste Grund des festesten Bodens zu schwanken —

und mit diesem edeln Geständniß den letzten Zug zum herrlichen Bilde der deutschen Jungfrau fügt, das uns der Dichter in ihr geschenkt.

Mephistopheles.

F. A. Brockhaus' Geogr.-artist. Anstalt, Leipzig

Mephistopheles.

(Faust.)

„Zwei Seelen wohnen, ach! in meiner Brust" — ein jeder Mensch hat in sich zwei Stimmen, die sich beständig widersprechen: Verstand und Phantasie, Sinnlichkeit und Vernunft liegen in ewigem Streite in uns. Wie die eine Hälfte unsers Wesens glaubt, liebt, hofft, schafft, so gefällt sich die andere darin, von alledem das Gegentheil zu thun; sie spottet, kritisirt, verneint und zerstört, ist keines Aufschwungs fähig, und es existirt für sie blos das sinnlich Wahrnehmbare. Es ist mit Einem Worte der Realismus in seinem Gegensatze zum Idealismus, die beide wir als unaufhörliche Gegner in uns hegen, ohne sie jemals ganz versöhnen zu können, während doch das vollständige Ueberwiegen des einen wie des andern ins Verderben führt. Denn auch der Realismus, obwol er den irdischen Theil, die Materie, die Schranke, das Endliche und Vergängliche unserer Natur, also nach Umständen die Sünde repräsentirt, ist doch eben das nothwendige Gegengewicht, die Bedingung unserer Existenz, und unsere Aufgabe ist es gerade, diese Gegensätze in uns aufzulösen.

Daß Goethe diesen innern Antagonisten dem Faust in Mephistopheles gegenübergestellt hat, war unter allen Umständen ein großes Wagniß, wenn es auch zufolge seiner künstlerischen Schöpferkraft auf die außerordentlichste Weise gelungen und zu einem glänzenden Beweise seiner Meisterschaft geworden ist.

Die Kunst hat sich zu allen Zeiten damit abgegeben, Begriffe zu personificiren; ist doch der Olymp aller Völker eine solche Personification von Naturkräften durch die Dichtung. Gerathen ist es ihr freilich nur in dem Falle, wenn aus dem blassen Schemen — wie bei Mephistopheles — ein wirklich lebendiges Wesen ward, das ein selbständiges Leben gewann, sodaß es uns überall und durchaus als eine Person erscheint und wir erst eine Anstrengung des Verstandes nöthig haben, um es uns wieder in seinen Gedanken aufzulösen.

Ist Mephisto also keine bloße Abstraction, hat er durchaus individuelle Züge, pulsirt warmes, scharfes Lebensblut durch seine Adern, so scheint eben in ihm nichts anderes — als der absoluteste Egoismus persönlich geworden zu sein. Wer hätte nicht gelegentlich einen wenn auch nicht ganz so consequenten Freund gehabt? Er verdankt seine Lebenskraft aber vorzüglich der Beigabe von Humor, die ihm der Dichter mit auf den Weg gegeben; vertritt er eben die Beschränkung des Verstandes und der Sinnlichkeit, ist die Körperwelt, der Materialismus gerade sein Lieblingsfach:

Am meisten lieb' ich mir die vollen, frischen Wangen,
Für einen Leichnam bin ich nicht zu Haus;
Mir geht es wie der Katze mit der Maus —

haßt er alles Streben nach Erkenntniß des Uebersinnlichen, so verneint er es doch mit Behagen; sein Witz befreit uns sogar, weil er niemals einfach verhöhnt, lügt und täuscht, sondern weil wir immer eine wenn auch einseitige Wahrheit in ihm finden, die mit ihren Sarkasmen wie ein Blitz allemal ein ganzes weites Gebiet in uns aufhellt, nach welchem wir freilich im nächsten Augenblick nur um so geblendeter in der Finsterniß stehen, uns aber doch die Empfindung bleibt, daß diese Art, die Dinge zu sehen, eben auch ihre gewisse Berechtigung habe.

Natürlich tritt dieser vernichtende Witz fast immer in der Form des gemeinen Weltverstandes auf, wie die Stelle anzeigt, in der wir ihn vom Künstler dargestellt finden:

Ich sag' es dir: ein Kerl, der speculirt . . .

Junker Voland ist hier eben beim Cardinal- und Wendepunkt angelangt, wo die frivole Lebensphilosophie allemal die Ungeduld verführt, die den langsamen und mühseligen Weg der Erkenntniß nicht durchlaufen mag. Natürlich muß Mephistopheles in der Form überlegener Bildung, wie einer auftreten, der den Proceß, an welchem Faust laborirt, schon lange durchgemacht und sich von dessen Fruchtlosigkeit überzeugt habe:

Mephistopheles.

O glaube mir, der manche tausend Jahre
An dieser harten Speise kaut,
Daß von der Wiege bis zur Bahre
Kein Mensch den alten Sauerteig verdaut!

Vornehme Nonchalance, elegante Manieren und überlegene Weltgewandtheit imponiren dem verlegenen deutschen Gelehrten immer ein wenig, mag er's gleich nicht eingestehen; es ist daher ganz richtig, daß Mephistopheles bei seinem zweiten entscheidenden Besuch beim Doctor nicht als „fahrender Scholast" wie das erste mal auftritt, wo er in diesem Costüm Faust's Lachen erregte, sondern „als edler Junker, in rothem, goldverbrämtem Kleide, das Mäntelchen von starrer Seide, die Hahnenfeder auf dem Hut, mit einem langen, spitzen Degen". Witzig hat ihn der Dichter aber schon deshalb gemacht, weil der Witz überhaupt viel drastischer wirkt, leichter verführt als die trockene, kalte Sophistik, weil er sich dem Gedächtniß um so unwiderstehlicher einprägt, je schärfer er ist — und der Witzige uns überhaupt immer als der Ueberlegene vorkommt, da er der Freiere und Ungebundenere scheint. Was man verlacht, hat man ja in gewissem Sinne überwunden!

Gewandtheit und Freiheit der äußern Erscheinung, kaltes weltmännisches und leicht bewegliches Wesen, der lauernde, stechende, durchdringende Blick sind also wol unerlaßliche Eigenschaften des „Junkers". Ebenso werden wir ihn uns dabei lang und hager, nervig und schnellkräftig — er ist ja ein vortrefflicher Fechter — vorzustellen haben. Fett ist ein Zeichen des Behagens und der Gemüthlichkeit, das für Mephistopheles, den „ausgepichten Teufel", wenig paßt; er, der einseitige Verstand, ist ja das gerade Gegentheil der Gemüthlichkeit. Der „Geist, der stets verneint", wird wol auch ein krauses, dichtes Haar haben müssen, und das „Widerhaarige" hat sich auch wol in Bart und Augenbrauen auszusprechen. Gretchen sagt von ihm:

Es hat mir in meinem Leben
So nichts einen Stich ins Herz gegeben
Als des Menschen widrig Gesicht.

Deshalb braucht er aber nicht gerade abstoßend häßlich zu sein, wenigstens nicht mehr, als mit dem äußerlich vornehmen, innerlich gemeinen Wesen, das ihm gehört, vereinbar ist. Alle sieben Todsünden können auch auf einem ursprünglich schönen Gesichte geschrieben stehen, und ein gefallener muß doch einmal ein wirklicher Engel gewesen sein können, ein mächtiges, hochbegabtes Wesen also, dessen herrliche Eigenschaften sich nur ins Gegentheil verkehrt haben, wie aus Liebe Haß, aus Wein Essig wird.

Faust nennt ihn in einer weniger verbindlichen Stimmung einmal eine „Spottgeburt von Dreck und Feuer", und er hat ja Lust, sich selbst für ein Genie auszugeben, was denn wohl harmonirte mit dem Begriffe kalten Feuers, das ist der Vereinigung von innerer Kälte mit der Glut eines positiven Hasses gegen alles Edlere, von dem er ja nur abgefallen ist, dessen Werth er wohl kennt.

Die grobe Arbeit läßt Mephistopheles bekanntlich von seinen Unterbeamten thun, er hat also schon darum Anspruch auf eine feine, wol ein wenig klauenartig zugespitzte, magere Hand. Alle Machtfülle aber gibt ihrem Besitzer einen besondern Ausdruck des Aplomb, der sich unter keinen Umständen verleugnet und hier wie so oft nur mit der Verbissenheit verknüpft ist, die es erregt, wenn man einen noch Mächtigern sich beständig auf dem Genick weiß, den man höchstens ein wenig verleumden oder vor andern wegspotten kann, wie denn Mephistopheles thut, da er vornehm-leichtsinnig vom Herrn sagt:

Von Zeit zu Zeit seh' ich den Alten gern
Und hüte mich, mit ihm zu brechen.
Es ist gar hübsch von einem großen Herrn,
So menschlich mit dem Teufel selbst zu sprechen.

Mephistopheles

Frau Rath Goethe

[illegible]

Frau Rath Goethe.

Man hat sich in der Behauptung gefallen, daß große Männer gewöhnlich bedeutende Mütter gehabt hätten, die ihr Naturell auf sie übertrugen. Es ist das wol kaum mehr als eine schillernde Paradoxe, wenigstens ist es z. B. von Alexander, Karl und Friedrich dem Großen, von Hannibal, Rafael, Holbein, Mozart, von einer wahren Unzahl von Staatsmännern, Künstlern und Gelehrten durchaus nicht bekannt, daß sie besonders befähigte Mütter, wol aber, daß sie bedeutende Väter hatten, deren Talente der Sohn dann nur noch potenzirte, nach Umständen auch ganz neue Seiten hinzubrachte. Ergreift der Sohn das Fach des Vaters, so wird es ihm verhältnißmäßig leicht, denselben zu übertreffen. Es hat das seinen guten Grund, denn dieser lehrt ihn in der Regel nicht nur die dazugehörige Technik sehr früh, sondern er bildet gewöhnlich an ihm auch noch die Seiten mit besonderer Sorgfalt aus, welche er selber vernachlässigt gelassen und dann oft zeitlebens als Lücken empfunden hat. Ist es doch so süß, den Sohn als den glücklichen Fortsetzer dessen zu denken, was man selber wol begonnen hat, aber nicht zu vollenden im Stande war.

Bekanntlich ist unter dem Namen der Frau Rath eine Art mystischen Wesens von incommensurabler Größe aus Goethe's Mutter herausgedrechselt worden, man hat ihr etwas Geniales anzudichten gesucht, und besonders Bettina hat ihr sehr viel nicht nur vom eigenen Geist, sondern auch von der eigenen Verschrobenheit geliehen.

In dem, was Goethe selbst von seiner Mutter erzählt, ist nichts von alledem herauszufinden, obwol er sie zärtlich liebte, also gewiß nicht geneigt war, sie zu unterschätzen. Bei ihm ist sie vor allem eine geistig und körperlich sehr gesunde, schöne Frau, und daß sie auf den Sohn diese volle, blühende Gesundheit des Leibes und der Seele, diese Heiterkeit und Sinnenfreudigkeit übertragen, das ist wol ihr Hauptverdienst um denselben. Im übrigen finden wir sie echt mütterlich als beständige Vermittlerin und Ausgleicherin der häufigen Conflicte zwischen dem pedantischen und dadurch harten, wenn auch sehr gebildeten und charaktervollen Vater und dem phantasiereichen, oft excentrischen Sohne. Daß dies nichts weniger als überflüssig war, zeigt seine Selbstbiographie einleuchtend genug, und man wird bei ihrer Lesung oft versucht, mehr die Geduld der Aeltern mit dem brausenden Uebermuth, den tausend tollen Streichen desselben zu bewundern, als ihre zu große Härte anzuklagen gegen den, um welchen sich im Gegentheil offenbar bewußt oder unbewußt das ganze Hauswesen gleich von Anfang an als den Juwel der Familie drehte.

Treffen wir also die Frau Rath überall als eine sonnige, heitere, klare, gemüthliche rheinländische Natur, zu Scherz und Spiel aufgelegt, sich zu den beiden Kindern mehr als eine ältere frohe Schwester denn als strenge Mama verhaltend, umgab sie den Sohn überall mit jenen Elementen der Liebe und Wärme, die das schöne volle Aufblühen jedes Kindes bedingen, so hat sie um unsern großen Dichter allerdings ein um so höheres Verdienst, als diese Wärme und Heiterkeit offenbar gar nichts mit der Affenzärtlichkeit gewisser Mütter gemein hatte, die nur verzogene und schwächliche Nesthäkchen auszubrüten im Stande ist. Das Kränkliche, Gereizte, Anspruchsvolle, Verzogene wurde ihm offenbar erst in Leipzig von den Freunden angehätschelt, und seine gesunde Natur stieß es bald wieder heraus, sobald er an den rebenbekränzten Main wieder zurück zur Mutter kam.

Unsere Frau Rath ist vor allem darin durchaus das Gegentheil nord- und mitteldeutscher Frauenbildung, daß sie keine Spur von Sentimentalität hat; sie war durchaus aufs Praktische, Thätige gestellt. So sagt Goethe von ihrer Freundin Klettenberg und von ihr selbst:

Ich nannte sie nur immer Rath und That; denn wenn jene einen heitern, ja seligen Blick über die irdischen Dinge warf, so entwirrte sich vor ihr gar leicht, was uns andere Erdenkinder verwirrte, und sie wußte den rechten Weg gewöhnlich anzudeuten, eben weil sie ins Labyrinth von oben herabsah und nicht selbst darin befangen war; hatte man sich aber entschieden, so konnte man sich auf die Bereitwilligkeit und auf die Thatkraft meiner Mutter verlassen. Wie jener das Schauen, so kam dieser der Glaube zu Hülfe, und weil sie in allen Fällen ihre Heiterkeit behielt, fehlte es ihr auch niemals an Hülfsmitteln, das Vorgesetzte oder Gewünschte zu bewerkstelligen.

Es liegt denn auch leider viel gegründeter Verdacht vor, daß sich Frau Rath fast ebenso viel mit den Strümpfen als mit den Gedichten ihres Sohnes beschäftigt habe, wenn sie gleich in der Regel auf die Verfassung der letztern stolzer gewesen sein mag als auf die der erstern. Ja, es ist in keiner Weise zu leugnen, sondern durch authentische Zeugnisse beglaubigt, daß sie sogar an seine leiblichen Kinder mehr dachte als an die geistigen. Erzählt er doch selber sehr ergötzlich, wie sie sich mit Heirathsplänen für ihn trug und auch gleich an die Consequenzen dachte:

Da überraschte ich nun einst meine Mutter, als sie in einer Bodenkammer die alten Wiegen betrachtete, worunter eine übergroße von Nußbaum, mit Elfenbein und Ebenholz eingelegt, die mich ehemals geschwenkt hatte, besonders hervorstach.

Offenbar wäre ihr die Ankunft einer legitimen Einquartierung für dieses Prachtstück viel lieber gewesen als die der vielen literarischen Freunde:

Jenes unbestimmte Rumoren, in welchem ich mich schon seit geraumer Zeit herumtrieb, wollte ihr nicht behagen, und wirklich hatte sie auch die größte Beschwerde davon. Sie war es, welche die zuströmenden Gäste reichlich bewirthen mußte, ohne sich für die literarische Einquartierung anders als durch die Ehre, die man ihrem Sohne anthat, ihn zu beschmausen, entschädigt zu sehen.

Am bezeichnendsten für ihre Art ist aber der von Goethe mit so köstlichem Humor erzählte Auftritt mit den jungen Grafen Stolberg, denen nach Tische der Tyrannenhaß sehr stark kam und die daher die revolutionären Gedanken mit dem Dessertmesserchen losschälten:

Mein Vater schüttelte lächelnd den Kopf; meine Mutter hatte in ihrem Leben kaum von Tyrannen gehört, doch erinnerte sie sich, in Gottfried's Chronik dergleichen Unmenschen in Kupfer abgebildet gesehen zu haben: den König Kambyses, der in Gegenwart des Vaters das Herz des Söhnchens mit dem Pfeil getroffen zu haben triumphirt, wie ihr solches noch im Gedächtniß geblieben war. Diese und ähnliche, aber immer heftiger werdende Aeußerungen ins Heitere zu wenden, verfügte sie sich in ihren Keller, wo ihr von den ältesten Weinen wohlunterhaltene große Fäßer verwahrt lagen.

Indem sie nun in geschliffener Flasche den hochfarbigen Wein hinsetzte, rief sie aus: »Hier ist das wahre Tyrannenblut! Daran ergötzt euch, aber alle Mordgedanken laßt mir aus dem Hause!«

In dieser drolligen Scene finden wir sie denn dargestellt, so getreu, als es nach den vorhandenen Quellen eben möglich war, wo denn das Behagliche, Frohe, Kerngesunde dieser Natur allerdings entschieden heraustritt.

Dem Sohn gleicht sie hauptsächlich durch die glänzenden, funkelnden braunen Augen, den feinen, graziösen Mund und das entschlossene, thatkräftige Kinn. Die Adlernase und hohe Stirn scheinen ihm vom Vater zu Theil geworden.

Am richtigsten kann man oft die Menschen beurtheilen, wenn man ihr Ideal von sich kennt; Frau Rath fand das ihrige in Götzens wackerer Hausfrau, in der sie ihr Ebenbild zu sehen glaubte, wie uns der Sohn berichtet, und der die tüchtige kernige Frau allerdings auch am meisten geglichen zu haben scheint — wahrlich zu ihrer größten Ehre, denn es ist nicht die Aufgabe der Frauen, uns von der Natur ab-, sondern immer wieder zu ihr zurückzuführen.

[illegible]

[illegible]

[illegible] der

[illegible]

Goethe in Rome.

F. A. Brockhaus' Geogr.-artist. Anstalt, Leipzig

Goethe in Rom.

Goethe ist das schönste Menschenbild, welches germanisches Leben je entstehen ließ — von allen bekannter gewordenen möchte nur der Kopf Napoleon's dem seinigen gleichkommen, ja ihn in manchen Beziehungen noch ebenso übertreffen, wie er in andern hinter ihm zurückbleibt. Ist nun der eine ein Eroberer, der andere unser größter Dichter geworden, der uns unermeßliche Gebiete im Reiche des Geistes erworben, so ist diese so verschiedene Entfaltung zweier gleich bedeutender Menschen sicherlich nicht allein an ihnen selbst, sondern auch an den Nationen, die sie hervorbrachten, der Zeit, in welcher sie auftraten, gelegen. Wir brauchen uns hier blos zu erinnern, daß Napoleon mitten im blutigsten Bürgerkriege zur Welt kam, während Goethe im tiefsten Frieden, in der größten Ruhe einer behaglichen Reichsstadt das Licht der Sonne erblickte, im Schose des Ueberflusses und des heitersten geregelten Zustandes, um uns die nothwendige Verschiedenheit ihres beiderseitigen Lebensganges zu erklären.

Die Erde, der sie beide entsprossen, die Eindrücke, die beide sie eingesogen, hat ihre Bestandtheile so gemischt, daß der eine zum Mann der That, der andere zu dem des Gedankens werden mußte. Es ist sicherlich kein Zufall, daß ein innerlich und äußerlich so vollkommener, harmonisch ausgebildeter Mensch wie Goethe in einem der schönsten Theile unsers weiten Vaterlandes, in den wonnigen Gauen, unter dem milden Himmel des Rheinlandes emporblühen mußte; er personificirt diesen sonnigsten Strich Deutschlands besser, als irgendein anderer es könnte. Hier bildete sich jenes frohe, behagliche Wesen, jene heitere Genußfähigkeit aus, die eine im Mangel aufgewachsene, auf tägliches Ringen mit der Nothdurft des Lebens angewiesene Jugend nie mehr erwerben läßt, während sie dafür die Kraft des Willens stählt, zur Opposition gegen den bestehenden Zustand, zum Kampfe gegen alle Hindernisse, zu kühnem Wagniß reizt.

So gewiß als sich unsere Persönlichkeit in dem widerspiegelt, was wir schaffen, sodaß das Kunstwerk nur ein Theil des Künstlers ist, so gewiß ist auch dieser letztere selbst also immer wieder nur das Product, der Spiegel seiner Zeit, seines Landes und der besondern Umstände, die ihn erzogen. Der Stolz, den eine Nation auf ihre großen Männer hat, ist demnach ein wohlberechtigter: diese sind blos die Typen ihres eigenen Wesens, das in ihnen am reinsten und vollendetsten zur Erscheinung kommt; sie sind blos die Blüten, die Nation ist der Baum, auf dessen Stamm, an dessen Zweigen sie sich entfalten, in ihrem Schose zugleich neue Keime der Fruchtbarkeit tragend und entwickelnd.

Nehmen wir Goethe, Schiller und Friedrich den Großen, so ist in ihrem Kreis nahezu alles umschlossen, was das Deutschland des achtzehnten Jahrhunderts an Vortrefflichkeit besaß — das Maß der innern und äußern Freiheit, die wir genießen, ist wesentlich ihre Aussaat, die Frucht ihrer Arbeit. Zeigen uns Schiller und Friedrich der Große aber die Willens- und die Thatkraft des deutschen Geistes, so repräsentirt Goethe vor allem dessen Empfänglichkeit, Reichthum und seine Universalität. Spinnt speciell Schiller alles aus sich heraus und verwandelt das Erz der äußern Welt in der heiligen Glut seines Busens zu glänzendem Metall, scharfem Stahl und blinkendem Golde, so nimmt Goethe alles in sich auf, hat das schärfste Auge für die Erscheinungswelt, das feinste Ohr für jeden Naturlaut, und weiß diese so rein wiederzugeben, daß man sie aus den Händen der allgemeinen Mutter selbst zu empfangen glaubt. Alle drei Heroen verarbeiten das Aufgenommene, der eine zur That, der andere zum Gedanken, der dritte zur Empfindung.

Die größere und feinere Sinnlichkeit, der ausgebildetere Schönheitssinn sind es, die Goethe vor seinen beiden Genossen voraushat, und die sich auch in seinen Zügen so entschieden ausspricht. Dieses glühende Auge trinkt die Schönheit der Welt mit Entzücken in sich, diese Götterstirn begreift oder ahnt doch das innere Gesetz jeder Erscheinung, dieser feine Mund, um den die Grazien zu spielen scheinen, ist durstig nach ewig neuem Wechsel und stolz im Gefühl der eigenen Kraft — es ist eine sonnige, keine vulkanische Glut, die aus dem ganzen Wesen spricht, wohlthätig gedämpft durch das alles beherrschende Gefühl des Maßes und der Schönheit! Finden wir viel Wohlwollen in dem Ausdruck des Gesichts, so zeigt es dagegen weniger Hingebung, immer noch mehr Genußfähigkeit als eigentliche Befriedigung; es ist das Bild eines Gottes, der stolz beglückt durch seine Erscheinung und dessen üppige schwarze Lockenfülle wie Flammen um das erhabene Haupt zieht, die alles Unedle verzehren und verklären, was sich ihm naht. Es ist der Ausdruck vollendeter hoher Geistesfreiheit in diesem Kopfe, der uns so sehr bezaubert, einen so übernatürlichen Eindruck auf uns macht, die wir uns überall gebunden fühlen! Man könnte etwas sybaritisch Weichliches in dem Ausdrucke Goethe's finden, träte nicht überall hinter dieser Fähigkeit des Genießens die Hoheit und Majestät, der Adel und der Ernst einer männlichen Natur hervor, die der lockenden Schönheit dieser Züge doch wieder etwas Unnahbares verleihen, wie in den lachendsten Alpenthälern über üppige Hügel und sonnige Halden weiße Firnen ernst und drohend emporragen. Durch diese Mischung verschiedener, anscheinend sich widersprechender Bestandtheile entsteht denn jenes bezaubernd dämonische Wesen, von dem ein jeder Zeugniß ablegt, dem es vergönnt gewesen, dem Dichterfürsten zu nahen.

Wir sehen auf unserm Bilde Goethe in dem Augenblick, wie er bei der Ankunft in der Ewigen Stadt — im October 1786 — zum ersten male die Juno Ludovisi sieht, jenes stolze Götterbild, das uns die ganze hellenische Welt in ihrer berauschenden Schönheit, in ihrer ewigen Heiterkeit und ihrem stolzen Selbstgenügen aufzuschließen scheint.

Wer wäre wol jemals durch das tiefe Grün der Cypressenhaine jener herrlichsten aller römischen Villen gewandelt, trunken vom prachtvollen Anblick der Ewigen Stadt zu seinen Füßen, der wollustvollen schwermüthigen Stille, dem blitzenden Sonnenschein und dem tausendfachen Blühen rund um sich: wer wäre dort vor jenes hohe Bild getreten und nicht von einem Schauer scheuen Entzückens durchzogen worden! Welche Macht mußte dieser Eindruck bei Goethe haben, dem einzigen Menschen, der es wagen konnte, einem solchen Weibe zu nahen, dem mit ihr und um sie nun eine lang geahnte und ersehnte Welt aufging! In diesem Zusammentreffen mit der antiken Cultur, der geistigen Vermählung ihres Adels, ihrer formenstrengen Schönheit mit der seelenvollen Tiefe und Innigkeit seines deutschen Wesens ist ja der Culminationspunkt der Goethe'schen Poesie eingetreten! Hier sehen wir den Dichter, wie ihm das Ziel der höchsten Vollendung auf einmal erscheint, ihn zu seiner kühnen Erreichung begeistert, ihn, der bisher der Dichter der lautern Natur gewesen, anreizt, diese Natur zum strengen Kunstwerk umzubilden und ihrer Kraft und Wahrheit den Adel und die Würde in der bezaubernd maßvollen und melodischen Schönheit seiner Sprache mitzutheilen.

Der Künstler hat sich bei seinem Bilde vorzugsweise an die berühmte Büste Trippel's gehalten, die, zur Zeit von Goethe's römischem Aufenthalt gefertigt, ihm alles das vollständig zu leisten schien, was man von einer Büste unsers Dichters verlangen darf, und die entschieden zu den gelungensten Werken neuerer Plastik zu rechnen ist. Tischbein's bekanntes eben damals gefertigtes Porträt wurde auch dabei zu Rathe gezogen, obwol es in keiner Weise mit der Büste an Werth verglichen werden kann, welcher erstern wol keine andern Vorwürfe zu machen sind, als daß sie uns lediglich den unsterblichen Heros, nichts vom methodischen Wesen des frankfurter Bürgersohns oder der Grandezza des Geheimraths zeigt, wie sie in der spätern Auffassung Rauch's allerdings zu Tage treten — daß sie uns nichts von Puder oder Haarbeutel ahnen läßt. Das freilich wollen wir um so lieber verzeihen, da sich ja Goethe von derlei in Italien mehr emancipirt hatte als jemals sonst in seinem Leben, und als es sich ja doch für die Kunst mehr darum handelt zu zeigen, was ihn über seine Zeit hinaushob, als was er mit ihr und den Sterblichen überhaupt gemein hatte.

[illegible] der [illegible]

[illegible]

[illegible] Mache [illegible]

[illegible] und mehr [illegible]

[illegible]

[illegible] bekanntes [illegible] an [illegible] der [illegible] an [illegible] keine anderen Vor[illegible] den [illegible] beiden Seiten des [illegible] der [illegible] Bewegung [illegible] an [illegible] Tage [illegible] neben den Palast [illegible] handelt [illegible]

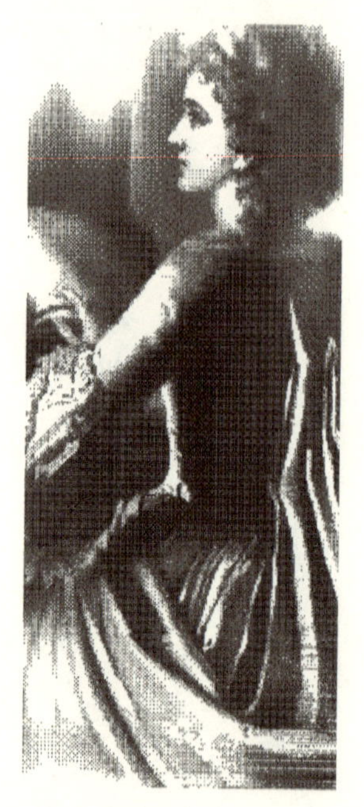

Lili.

Von all den Frauenbildern, die Goethe uns gezeichnet, hat er keins mit eigenthümlicherm Reiz ausgestattet als das der Lili, jener berühmten Nachfolgerin Friederikens. Wenn die Schilderung dieser eine ländliche Idylle der thaufrischesten Art in seinem Lebensgange bildet, so jene ein Salonstück voll von jenem unnennbaren Duft, den seidene, rauschende Gewänder, Parfum und Theetassen, Vergoldungen und Rococofiguren, Glacéhandschuhe und brüsseler Spitzen, um schöne Frauenglieder gehüllt, zu verbreiten pflegen.

Ist dort alles echte, naturwahre, heitere Lust, so läuft hier viel Koketterie mit unter, die Zierlichkeit und Anmuth der Malerei muß ein wenig die Innigkeit der Empfindung, die Trunkenheit die Fülle der Liebe ersetzen.

Wir werden bei Lili gleich im Salon, abends beim Thee eingeführt, lernen Elisabeth Schönemann — so hieß ihr eigentlicher Name — am Klavier kennen, und das zukünftige Liebespaar kokettirt vorläufig blos ganz artig miteinander. Das kindlich schalkhaft aussehende Lockenköpfchen macht unserm jungen Poeten einen allerliebsten, d. h. keinen großen Eindruck. Man sah sich wieder:

> Sie war im Genuß aller geselligen Vortheile und Weltvergnügungen aufgewachsen. Sie schilderte mir ihre Brüder, ihre Verwandten, sowie die nächsten Zustände; nur ihre Mutter blieb in einem ehrwürdigen Dunkel.
>
> Auch kleiner Schwächen wurde gedacht, und so konnte sie nicht leugnen, daß sie eine gewisse Gabe anzuziehen an sich habe bemerken müssen, womit zugleich eine gewisse Eigenschaft fahren zu lassen verbunden sei, ... daß sie diese Gabe auch an mir geübt habe, jedoch bestraft worden sei, indem sie auch von mir angezogen worden.

Diese Geständnisse gingen aus einer so reinen kindhaften Natur hervor, daß sie mich dadurch aufs allerstrengste sich zu eigen machte.... Ich konnte nicht ohne sie, sie nicht ohne mich sein; aber in den Umgebungen und bei den Einwirkungen einzelner Glieder ihres Kreises, was ergaben sich da oft für Mistage und Fehlstunden!

Das heißt aber doch eigentlich immer noch kokettiren. Doch die Empfindung steigert sich, es entstehen Gedichte wie:

Herz, mein Herz, was soll das geben?
Was bedränget dich so sehr?
Welch ein fremdes neues Leben!
Ich erkenne dich nicht mehr.

Hat man sich diese Lieder aufmerksam vorgelesen, lieber noch mit Gefühl vorgesungen, so wird ein Hauch jener Fülle glücklicher Stunden gewiß vorüberwehen —

sagt Goethe, und ohne Zweifel war es so; aber von starker Leidenschaft wird schwerlich jemand etwas merken. Ebenso wenig, wenn er weiter erzählt:

Es war eine durchaus glänzende Zeit; eine gewisse Exaltation waltete in der Gesellschaft, man traf niemals auf nüchtere Momente. Ganz ohne Frage theilte sich dies den Uebrigen aus unserm Verhältnisse mit.

Und wie es in solchen Fällen zu gehen pflegt, sprachen wir es nicht ausdrücklich gegeneinander aus; aber das Gefühl eines wechselseitigen unbedingten Behagens, die volle Ueberzeugung, eine Trennung sei unmöglich, das ineinander gleichmäßig gesetzte Vertrauen — das alles brachte einen solchen Ernst hervor, daß ich, der ich mir fest vorgenommen hatte, kein schleppendes Verhältniß wieder anzuknüpfen, und mich doch in dieses, ohne Sicherheit eines günstigen Erfolgs, wieder verschlungen fand, wirklich von einem Stumpfsinn befangen war, von dem ich mich zu retten, mich immer mehr in gleichgültige, weltliche Geschäfte verwickelte.

Ist das nicht ein curioser Schluß zu einem so brillanten Anfang? Doch eine alte Jungfer als Heirathsstifterin verlobt sie endlich, man möchte fast glauben zu beiderseitiger Verlegenheit.

Ich stand gegen Lili über und reichte meine Hand dar; sie legte die ihre, zwar nicht zaudernd, aber doch langsam hinein. Nach einem tiefen Athemholen fielen wir einander lebhaft bewegt in die Arme.

Man wird sonderbarerweise nun nicht entzückter, sondern offenbar viel ernsthafter:

> Es ist schon längst mit Grund und Bedeutung ausgesprochen: auf dem Gipfel der Zustände hält man sich nicht lange.... Denn sobald etwas Ideelles, wie man ein solches Verlöbniß wirklich nennen kann, in die Wirklichkeit eintritt, so entsteht, wenn man völlig abgeschlossen zu haben glaubt, eine Krise.... Unmittelbar droht ihnen eine Welt mit unverträglichen Forderungen, welche, nicht befriedigt, ein junges Ehepaar absurd erscheinen lassen.

Man fragt sich nun ganz erstaunt, woher denn eigentlich diese Abkühlung, und man würde sie nicht begreifen, da eigentliche Hindernisse kaum vorhanden sind, wenn man sich nicht erinnerte, daß das artige Spiel den ganzen Sommer hindurch gedauert hat. Doch ein Hinderniß hätten wir beinahe vergessen, es heißt:

> Andere Religionsgebräuche, andere Sitten! und wollte die Liebenswürdige einigermaßen ihre Lebensweise fortsetzen, so fand sie in dem anständig geräumigen Hause keine Gelegenheit, keinen Raum.

Dieser Berg war leider nicht zu übersteigen:

> Man verschweigt sich die Zweifel, man theilt sich das Günstige mit, man überwindet jedes Schwanken durch gewaltsame Thätigkeit; es kommt dadurch etwas Unwahres in den Zustand, ohne daß die Leidenschaft deshalb gemildert werde.

In der Verzweiflung, daß das Vaterhaus zu eng ist, flüchtet sich Goethe auf der nächsten Seite zu Friedrich dem Großen, zu Katharina, ja gar zu Paoli nach Corsica, endlich packt er zusammen und geht aus Uebermaß von Liebe — auf ein paar Monate in die Schweiz. Unterwegs besucht er die Schwester, und diese befiehlt ihm aufs ernsteste die Trennung von Lili.

> Es schien ihr hart, ein solches Frauenzimmer, von dem sie sich die höchsten Begriffe gemacht hatte, aus einer wo nicht glänzenden, doch lebhaft bewegten Existenz herauszuzerren.

Er aber sieht's auch ein, reist weiter und singt beim Anblick des von ihr geschenkten goldenen Herzchens:

> Angedenken du verklungner Freude,
> Das ich immer noch am Halse trage,
> Hältst du länger als das Seelenband uns beide?

Lili.

Man kann sich offenbar beruhigen über die Glut dieser Leidenschaft. Goethe scheint es auch gethan zu haben, denn rückgekehrt sagt er bereits:

> Ich vermied nicht und konnte nicht vermeiden, Lili zu sehen.... Es war ein verwünschter Zustand.

Bei dieser Gelegenheit bemerkt er nun zuerst die Schar der übrigen Courmacher:

> Alle Handelsfreunde des bedeutenden Hauses kamen nach und nach heran, und es offenbarte sich schnell, daß keiner einen gewissen Antheil an der liebenswürdigen Tochter völlig aufgeben wollte noch konnte....
>
> Nun aber die alten Herren waren ganz unerträglich mit ihren Onkelsmanieren, die ihre Hände nicht im Zaume hielten, und bei widerwärtigem Tätscheln sogar einen Kuß verlangten....
>
> Doch! Wenden wir uns von dieser noch in der Erinnerung beinahe unerträglichen Qual.

Man sieht, der Papa des jungen Poeten hatte nicht nöthig zu sagen: „Diese Staatsdame aber wollte ihn keineswegs anmuthen!" Die Gefahr war niemals groß gewesen.

Die Herzensgeschichte schließt wenigstens mit einer rührenden Scene: zur Uebersiedelung nach Weimar entschlossen, geht er abends noch einmal an ihrem Fenster vorbei:

> Bald hörte ich sie zum Klavier singen; es war das Lied: „Ach wie ziehst du mich unwiderstehlich!" das nicht ganz vor einem Jahr an sie gedichtet ward.

Das rührte den Poeten wol, doch hielt es ihn ebenso wenig ab, abzureisen. In dieser Situation sehen wir den anmuthigen Schmetterling dargestellt, der unserm Dichter zu einer so fesselnden Schilderung Anlaß gab. Der Künstler hat das reizende Köpfchen nach einem noch vorhandenen Porträt gezeichnet, das uns mehr Geist und Gefühl und weniger Koketterie zeigt, als man nach Goethe's Schilderung eigentlich glauben sollte, und uns allenfalls zu dem Glauben berechtigt, daß er wol noch sehr viel mehr der Flüchtigkeit der Neigung anzuklagen war, als die glänzende frankfurter Bankierstochter.

[illegible] beschäftigt [illegible] die [illegible]
[illegible] auch gern [illegible] zu haben, [illegible]

[illegible]

[illegible] die [illegible]

[illegible]

[illegible] ganz nicht [illegible]
[illegible] wenigstens [illegible] einer [illegible]
[illegible] noch [illegible]

[illegible] das [illegible]

[illegible] den [illegible] war, [illegible] etwas [illegible]. In dieser Situation [illegible] den [illegible] darstellte, der [illegible] zu [illegible] er [illegible] noch [illegible] das [illegible] und [illegible] weniger [illegible] eigentlich [illegible] sehr viel [illegible] der [illegible] war, als [illegible]

Wilhelm Meister

Wilhelm Meister.

(Wilhelm Meister.)

Eine der häufigsten Grillen des Alters ist die, Jugendproductionen besser verstehen zu wollen als damals, da es sie hervorbrachte. So scheint es auch Goethe mit dem Wilhelm Meister ergangen zu sein, wenn er in den «Tag- und Jahresheften» behauptet, daß er an ihm ein Beispiel habe aufstellen wollen, „wie der Mensch oft versuchen möchte, wozu ihm Anlage von der Natur versagt ist, wozu ihm Fertigkeit nicht werden kann, wie es aber möglich sei, daß doch alle diese falschen Schritte zu einem unschätzbaren Guten hinführen, welches dann in der allgemein menschlichen Bildung bestände". Wie vielen Kritikern, so scheint auch uns dieser angeblich leitende Gedanke des Werks erst sehr nachträglich in das Buch hineingelegt und ursprünglich ganz und gar nicht beabsichtigt gewesen zu sein; in den ersten sechs Büchern desselben, die vor der italienischen Reise geschrieben sind, finden sich wenigstens keine andern Spuren davon als solche, welche höchst wahrscheinlich erst später hineincorrigirt wurden. Diese ersten sechs Bücher aber sind der eigentliche Roman. Die zehn Jahre später geschriebene Fortsetzung ist mit geringen Ausnahmen sehr viel schwächer und paßt vor allen Dingen nicht zu jenem glänzenden Anfang, ja verdirbt und mishandelt ihn. Einzelne schöne Episoden, wie die Geständnisse einer schönen Seele, die in jedem andern Buche ebenso gut hätten stehen können als im «Wilhelm Meister», oder die rührende Erzählung von Mignon's Aeltern, die aber doch auch schwerlich im ersten Plane lag, können uns über die Schwäche des Uebrigen nicht täuschen. Wir haben uns daher ausschließlich an jene sechs Bücher in unserer Auffassung der einzelnen Charaktere gehalten.

Vielleicht am meisten bestärkt jener des Helden des Buchs in der Ansicht, daß Goethe beabsichtigte, in ihm einen jungen Mann zu zeichnen, der bei entschiedenem Beruf zur Schauspielkunst sich allmählich zum Künstler bildet. Der hervorstechendste Zug in seinem Charakter ist nämlich eben der, daß — er eigentlich keinen hat, daß ihm eine markirte Persönlichkeit abgeht, eben ihn gerade so passend zum Schauspieler macht. Einen veränderlichern und bestimmbarern Menschen gibt es ja kaum als diesen Wilhelm. Sein Gemüth ist wie ein Spiegel, der beständig die Außenwelt zeigt, die ihn gerade umgibt, aber kein eigenes Bild enthält, obwol seine durchaus edle und wohlwollende Natur diese Außenwelt immer von der schönsten Seite wiedergibt, ihn überall vor der Hingabe an die Gemeinheit bewahrt und ihm dadurch unsere Theilnahme trotz seiner Schwäche erhält. Ein Meister wie Goethe hat aber schwerlich absichtslos Wilhelm gerade so und nicht anders gebildet. Dafür spricht gerade der Umstand, daß er ihn in einem Stück durchaus beharrlich sein läßt: in seiner Liebe für die Kunst; für sie hat er den reinsten und schönsten Enthusiasmus, sie hält er fest mit ganzer Seele, während sonst alles an ihm abgleitet oder vielmehr von ihm fahren gelassen wird. Ist er eine edle Natur, thut er nichts Gemeines, so sündigt er aber infolge dieses Charakters um so mehr durch Unterlassen. Am meisten zeigt sich das in seinem Verhältnisse zu den Frauen, denen gerade jene liebenswürdige Hingebung, die in seiner Schwäche wurzelt, so sehr gefährlich wird. Erst erobert er rasch Marianne, schwelgt in höchster Seligkeit mit ihr, um sie ohne allen hinreichenden Beweis ihrer Schuld zu verlassen. Es ist das mit wunderbarer Wahrheit gezeichnet, passirt alle Tage, aber eben nur schwachen Charakteren! Ebenso sehen wir ihn schon ein paar Monate nachher in Philinens Netze ohne erheblichen Widerstand gerathen, sie nach einigen Wochen mit der Gräfin vertauschen, und nachdem es eben mit dieser zum hellsten Aufflackern der Leidenschaft gekommen, sie gleich des andern Tags total vergessen, um lichterloh für die Amazone zu entbrennen. Dann verlobt er sich gar de raison mit Theresen, um sie auch alsbald, nachdem sie ihm das Jawort gegeben, nochmals gegen Natalie zu vertauschen.

Ist alles das ebenso wahr als mit bewunderungswürdiger

Feinheit geschildert und ohne allen Zweifel nicht nur sehr möglich, sondern auch bei einer einnehmenden Persönlichkeit sehr wahrscheinlich, so paßt es doch ganz eminent auf eine leicht bewegliche Schauspielernatur, der beständig das Leben selbst auch zum Spiel wird, das alle Tage neu angeht. So ist ein weiterer Zug an ihm, der seinen Beruf zum Schauspieler darthut, die Liebe zu aller äußern Darstellung, die Neigung, die er beständig hat, die Bühne ins Leben zu verpflanzen, bis er zuletzt ziemlich abenteuerlich ausstaffirt und allerdings vollkommen geeignet ist, den ersten Liebhaber in einer Heerde „Meerschweinchen" mit hinreißendem Effect zu spielen, wie es uns der Dichter mit dem reizendsten Humor schildert. Ebenso weist dahin das technische Geschick, das er schon als Knabe entwickelt, das Talent zum Pappen und Pesteln; während andere junge Männer die Welt als ein Theater betrachten, läßt er sie achtlos beiseite liegen, ihm ist das Theater die Welt und diese selbst blos Material für jenes. Die Repräsentation ist ihm Hauptsache, darin ist er wieder geborener Schauspieler. So viel Verständniß er für den Schein der Dinge zeigt, für ihre künstlerische Seite, so wenig hat er für ihre Realität. Deshalb macht ihm auch Aurelie ganz gegründet den Vorwurf, sie habe nicht leicht jemand gesehen, der die Menschen, mit denen er lebt, so wenig kennt, „so von Grund aus verkennt", als ihn. Höre man ihn Shakspeare erklären, so meine man, er komme eben aus dem Rathe der Götter und hätte zugehört, wie man daselbst sich beredet, Menschen zu bilden; wenn er dagegen mit Leuten umgehe, sei er wie das erste großgeborene Kind der Schöpfung, das mit absonderlicher Verwunderung und erbaulicher Gutmüthigkeit Löwen und Affen, Schafe und Elefanten anstaunt und sie treuherzig als seinesgleichen anspricht, weil sie eben auch da sind und sich bewegen. Aber sie schildert auch seine echt künstlerische Natur, wenn sie an ihm den durchdringenden und richtigen Blick, mit dem er Dichtung und besonders dramatische Dichtung beurtheile, bewundert. Ohne die Gegenstände jemals in der Natur erblickt zu haben, erkenne er die Wahrheit im Bilde; es scheine eine Vorempfindung der ganzen Welt in ihm zu liegen, welche durch die harmonische Berührung der Dichtkunst erregt und entwickelt werde. Und er erwidert, er habe von Jugend auf die Augen seines Geistes mehr nach innen als nach außen gerichtet, und da sei es sehr natürlich, daß er den Menschen bis auf einen gewissen Grad kennen gelernt habe, ohne die Menschen im mindesten zu verstehen und zu begreifen.

Wenn das nicht das Porträt einer genialen Künstlernatur ist, wo die Intuition so mächtig auftritt, so hat es wol nie eine gegeben. Goethe zeichnet uns in Serlo allerdings das Gegenstück zu Wilhelm's subjectiver, idealisirender Natur, ein realistisches Naturell; aber diese Gegensätze in den Naturen werden bestehen, solange es noch eine Kunst gibt. Wilhelm war eben zur Darstellung des vorzugsweise Schönen, wie jener zu der des Charakteristischen bestimmt; und wenn uns der Mensch oft durch seine Schwäche verletzt, so gewinnt uns gerade der echte Künstler in ihm meistens wieder, und wir bedauern dann nur um so mehr, daß Goethe, seiner ersten Intention untreu, ihn das Königreich der Kunst aufgeben läßt, um sehr unpoetisch den Schnapper des Baders in die Hand zu nehmen.

Wer nicht zum Theater geboren ist, der wird durch den Blick hinter die Coulissen besonders als junger Mensch unleidlich abgestoßen — Wilhelm wird dadurch erst angezogen, überall geht ihm das Symbol über die Sache. So dürfen wir uns denn auch nicht wundern, wenn ihn der Künstler dargestellt hat in die Betrachtung des Pantoffels verloren, mit welchem die boshafte Philine ihm die Ruhe einer Nacht zu zerstören wußte. Wer wäre nicht einmal muthig gerüstet gewesen, der Versuchung heldenmüthig zu widerstehen, hätte nicht bald eine kleine Erbitterung empfunden, wenn sie gar nicht kam, und — damit geendigt, sie im stillen sehr lebhaft herbeizuwünschen!

[illegible] Grund [illegible] noch [illegible] es sehr natürlich [illegible] Graf [illegible] gelernt habe [illegible] zu verändern [illegible] seinen genialen [illegible] so [illegible] auftritt, so hat es wohl [illegible] Seite allerdings [illegible] der Natur, [illegible] aber eine [illegible] in [illegible] solange es noch eine Macht gibt. Wilhelm [illegible] Darstellung des [illegible], [illegible] der Charakteristischen [illegible], und wenn uns der [illegible] seine Schwäche [illegible], so gewinnt [illegible] in ihm [illegible] wieder, und [illegible], seiner [illegible] angeben läßt. [illegible] in die [illegible]

[illegible] der wird durch den [illegible] junger Mensch [illegible] überall [illegible] die [illegible] So [illegible] wir uns [illegible] auch nicht [illegible], wenn ihn der [illegible] dargestellt hat in die [illegible] des Pantoffels [illegible], mit welchem [illegible] die [illegible] einer Macht zu [illegible]. [illegible] Wer wäre nicht einmal [illegible] gewesen, [illegible] zu [illegible], [illegible] empfunden, wenn sie [illegible], und — [illegible] sehr [illegible]!

A. v. Ramberg gez.

Iphigenie.

F. A. Brockhaus' Geogr.-artist. Anstalt, Leipzig

Iphigenie.

(Iphigenie auf Tauris.)

Leider kann sich auch die entschiedenste demokratische Gesinnung der Beobachtung des Umstandes nicht mehr ganz verschließen, daß es der gütigen Mutter Natur einmal beliebt, die Sterblichen bald als Plebejer, bald als Ritter, mit herrischem Charakter und hoher Seele oder mit unverwüstlich bürgerlichem, ja bäuerischem Wesen geboren werden, sie diesen ersten Lebenstrieb nicht loswerden zu lassen, wie sehr auch Erziehung und Geschick sich bemühen mögen, etwas anderes aus ihnen zu machen. Beide haben gar oft die größte und dringendste Ursache zu solch anscheinend verkehrtem Bestreben, denn der Humor des Schicksals hat eben bisweilen die Laune, den geborenen Stallknecht in eine fürstliche Wiege zu legen, den König oder den Dichterfürsten in ärmliche Lumpen zu wickeln, und diese brauchen dann das halbe oder ganze Leben, bis sie nur an den rechten Platz kommen, während jene den ihrigen niemals ausfüllen lernen.

Ist für Männer dieses Emporarbeiten oft herrlichstes Bildungsmittel, da erst durch die Reibung der harte Stein zum glänzenden Juwel wird, so gereicht den Frauen dagegen solch widriges Geschick selten zum Vortheil. Glücklich die, welche ein gütiger Gott an der Stelle zur Welt kommen ließ, zu der ihr auch die Anlage ward, die sie dann frei und schön entwickeln kann.

Goethe's Iphigenie gehört zu diesen für den Purpur geborenen Naturell: es ist etwas Hohes, Königliches, scheue Ehrfurcht Erweckendes in ihrer jungfräulichen Erscheinung. Wie es Stoffe gibt, an deren Glanz kein Schmuz haftet, so verbirgt sich auch jeder gemeine Gedanke vor ihr; sie verbindet die Unnahbarkeit der Herrscherin mit der stillen Würde, der keuschen Zurückhaltung jungfräulichen Priesterthums. Zwar hat diese Gestalt allerdings die Reinheit, die Makellosigkeit des Marmors der Antike, die stille schöne Anmuth, das strenge Maß ihrer Formen; nichtsdestoweniger aber pulsirt kein griechisches Blut in ihr, sie ist — deutsch und modern durch und durch in all ihrem Empfinden, und eben deshalb, weil sie uns so nah und doch so fern steht, bleibt sie eine so bewunderuswerthe Schöpfung unserer Poesie. Wir können ihr überall mit dem vollsten Verständniß folgen, während in den wirklich antiken Figuren, sei es nun denen, welche die Poesie oder die bildende Kunst geschaffen, etwas liegt, was sie uns ewig als schöne, aber dunkle Räthsel erscheinen läßt, die wir nicht mehr aufzulösen vermögen, wie bezaubernd sie uns auch erscheinen. Sie gehören einer uns durchaus fremden Welt an, von der wir wol eine Menge einzelner Züge in unserm eigenen Wesen wiedererkennen, deren physische Naturbedingungen wir als die gleichen finden wie die unserigen, die uns aber in ihrem innersten geistigen Wesen doch wieder ein fremdes Gefüge zeigt, bei der wir die zwei Jahrtausende, die uns von ihr trennen, niemals zu vergessen im Stande sind, wie wir dies doch bei einzelnen Figuren der Bibel, vorab des Neuen Testaments, so leicht vermögen.

Mit dieser ungeheuern Umwandelung, die das Christenthum in uns bewirkt hat, werden wir denn wol auch dem Kerne dessen, was unsere Iphigenie von ihren antiken Schwestern trennt, nahe gekommen sein. Sie ist, mitten in ihrer heidnischen Umgebung, eigentlich eine Vertreterin jener Humanitätsideen, die das Christenthum, und zwar erst das durch die germanischen Nationen mit neuem Leben erfüllte Christenthum, entwickelt hat. Oder wäre es nicht noch mehr christlich als griechisch, wenn sie dem Volke, zu dessen Priesterin sie das Schicksal gemacht, zuerst sich als die Retterin der schönen Menschlichkeit zeigt, wie Arkas schildert:

Wer hat den alten grausamen Gebrauch,
Daß am Altar Dianens jeder Fremde
Sein Leben blutend läßt, von Jahr zu Jahr
Mit sanfter Ueberredung aufgehalten
Und die Gefangnen vom gewissen Tod
Ins Vaterland so oft zurückgeschickt? ....

Das nennst du unnütz, wenn von deinem Wesen
Auf Tausende herab ein Balsam träufelt?

Dieser Zug ist weder antik, noch griechisch; war sie doch selbst zum Opfer des frommen Wahns von ihren Landsleuten bestimmt, konnte also schwerlich auf so ketzerische Gedanken kommen wie:

Der misversteht die Himmlischen, der sie
Blutgierig wähnt; er dichtet ihnen nur
Die eignen grausamen Begierden an.

Ebenso wenig antik ist der Zug tiefsinniger Reflexion, den sie überall hat, wie er sich da und auch bei der Betrachtung der Geschichte ihres Hauses ausspricht:

Wohl dem, der seiner Väter gern gedenkt,
Der froh von ihren Thaten, ihrer Größe
Den Hörer unterhält und, still sich freuend,
Ans Ende dieser schönen Reihe sich
Geschlossen sieht! Denn es erzeugt nicht gleich
Ein Haus den Halbgott, noch das Ungeheuer;
Erst eine Reihe Böser oder Guter
Bringt endlich das Entsetzen, bringt die Freude
Der Welt hervor.

Echt griechischer Frauen Gefühlsweise schildert dagegen, wenn auch nicht schmeichelhaft doch ziemlich richtig, der gereizte Thoas:

So kehr' zurück! Thu, was dein Herz dich heißt,
Und höre nicht die Stimme guten Raths
Und der Vernunft. Sei ganz ein Weib und gib
Dich hin dem Triebe, der dich zügellos
Ergreift und dahin oder dorthin reißt.
Wenn ihnen eine Lust im Busen brennt,
Hält vom Verräther sie kein heilig Band.

In diesem Bilde, in dieser gewaltigen naiven Unmittelbarkeit des Empfindens und Handelns finden wir alle wirklich griechischen Damen von Frau Klytämnestra bis Fräulein Antigone viel eher wieder, während unsere Iphigenie nicht einmal naiv genannt werden kann, sondern im Gegentheil sehr bewußt auftritt.

Noch entschiedener modern deutsch ist aber der Abscheu, den Iphigenie vor der Täuschung zeigt:

Johann Heinrich Merck.

F. A. Brockhaus Geogr.-artist. Anstalt Leipzig

Iphigenie.

O weh der Lüge! Sie befreiet nicht,
Wie jedes andre wahrgesprochne Wort,
Die Brust; sie macht uns nicht getrost, sie ängstet
Den, der sie heimlich schmiedet, und sie kehrt,
Ein losgedrückter Pfeil, von einem Gotte
Gewendet und versagend, sich zurück
Und trifft den Schützen —

griechische Denkungsart zeigt vielmehr der flinke Pylades, wenn er diese Abneigung zu bekämpfen sucht mit den Worten:

Das Leben lehrt uns, weniger mit uns
Und andern strenge sein; du lernst es auch.
So wunderbar ist dies Geschlecht gebildet,
So vielfach ist's verschlungen und verknüpft,
Daß keiner in sich selbst, noch mit den andern
Sich rein und unverworren halten kann.

Daß Iphigenie nach kurzem Schwanken ihrer innern Stimme folgt, daß sie dem König alles entdeckt, ihn durch ihre Offenheit überwindet, von seiner Großmuth das erhält, was der Gewalt nicht möglich gewesen wäre, das entspricht unserer deutschen humanen, nicht aber der griechischen Denkart, es ist groß; denn was sie selbst als Größe schildert:

Was nennt man groß? Was hebt die Seele schaudernd
Dem immer wiederholenden Erzähler?
Als was mit unwahrscheinlichem Erfolg
Der Muthigste begann —

läßt sich vollständig auf ihr Verfahren hier anwenden:

Gewalt und List, der Männer höchster Ruhm,
Wird durch die Wahrheit dieser hohen Seele
Beschämt, und reines kindliches Vertrauen
Zu einem edeln Manne wird belohnt.

Aber es ist doch noch mehr modern deutsch, und das gerade ist das Verdienst des Gedichts, daß die tiefsten und schönsten Züge in dem Charakter der Heldin so echt nationale sind, daher ewig ihm seine Wirkung auf unsere Gemüther sichern müssen.

Johann Heinrich Merck

F. A. Brockhaus Geogr.-artist. Anstalt Leipzig

Johann Heinrich Merck.

Ist es nicht ein schöner Vorzug unserer Nation, den sie vor vielen andern, speciell vor den Franzosen, voraus hat, daß unsere großen Männer gewöhnlich nicht nur durch ihre Geistesgaben, sondern auch durch ihren Charakter die Bewunderung herausfordern? Wie hoch stehen in dieser Beziehung z. B. über Voltaire und Rousseau unsere Schiller und Goethe? Wie edel, rein und vornehm ist ihr ganzes Wesen, wie weicht das Gemeine überall scheu vor ihnen zurück. Kein Schmuz bleibt haften am reinen Gold ihres Geistes, seine lodernden Flammen hätten ihn alsbald verzehrt. Wer ihnen daher so nahe stand wie Merck Goethe, hat von vornherein einen Anspruch auf unsere Achtung, um so mehr, wenn dieser ihm ein so glänzendes Zeugniß ausstellt, als es in seiner Aeußerung liegt, „daß er den größten Einfluß auf ihn gehabt". Wie bedeutend diese Einwirkung war, hat sich aber auch in Goethe's Werken überdies noch deutlich genug ausgeprägt. Merck wurde ihm zum Typus einer ganzen Gattung.

Bekanntlich brauchen nicht die Maler allein Modelle, die Dichter bedürfen ihrer nicht minder, und so haben wir denn ohne Zweifel in ihm das Original zu Mephistopheles, Carlos, Antonio zu suchen, wenigstens hat der Poet sicherlich zu jeder dieser Figuren einzelne Züge von ihm geliehen. Es würde das allein schon genügen für den Beweis, daß etwas Bedeutendes an ihm gewesen sein müsse, da die Künstler sich begreiflich nicht unbedeutende, sondern immer die prägnantesten Figuren zu Vorbildern aussuchen, wenn ihm auch nicht überdies noch unser Dichter eine so langjährige und treue Freundschaft gewidmet hätte, die beiden gleich sehr zur Ehre gereicht, indem sie den Werth des einen wie das reiche und treue Gemüth des andern gleich sehr außer Zweifel zu setzen gar sehr geeignet ist. Goethe schildert ihn uns mit kurzen Zügen in „Wahrheit und Dichtung“:

> Als ich ihn kennen lernte, war er Kriegszahlmeister in Darmstadt. Mit Verstand und Geist geboren, hatte er sich sehr schöne Kenntnisse, besonders der neuern Literaturen, erworben und sich in der Welt- und Menschengeschichte nach allen Zeiten und Gegenden umgesehen. Treffend und scharf zu urtheilen, war ihm gegeben. Man schätzte ihn als einen wackern, entschlossenen Geschäftsmann und fertigen Rechner. Mit Leichtigkeit trat er überall ein, als ein sehr angenehmer Gesellschafter für die, denen er sich durch beißende Züge nicht furchtbar gemacht hatte. Er war lang und hager von Gestalt, eine hervordringende spitze Nase zeichnete sich aus, hellblaue, vielleicht graue Augen gaben seinem Blick, der aufmerkend hin- und wiederging, etwas Tigerartiges. Lavater's Physiognomik hat uns sein Profil aufbewahrt. In seinem Charakter lag ein wunderbares Misverhältniß: von Natur ein braver, edler, zuverlässiger Mann, hatte er sich gegen die Welt erbittert und ließ diesen grillenkranken Zug dergestalt in sich walten, daß er eine unüberwindliche Neigung fühlte, vorsätzlich ein Schalk, ja ein Schelm zu sein. Verständig, ruhig, gut in einem Augenblick, konnte es ihm in dem andern einfallen, wie die Schnecke ihre Hörner hervorstreckt, irgendetwas zu thun, was einen andern kränkte, verletzte, ja was ihm schädlich ward.

Weiter sagt er von ihm, daß, während er sich

> durch diesen sittlich unruhigen Geist, durch dieses Bedürfniß, die Menschen hämisch und tückisch zu behandeln, von einer Seite das gesellige Leben verdarb, so widersprach eine andere Unruhe, die er auch recht sorgfältig in sich nährte, seinem innern Behagen —

um so mehr, als er unzufrieden war, nicht unter den schönen Geistern seiner Zeit eine Rolle zu spielen, während er sich doch die Kräfte dazu gar wohl zutrauen durfte:

> Ich besitze selbst noch poetische Episteln von ungemeiner Kühnheit, Derbheit und Swiftischer Galle, die sich durch originelle Ansichten der Personen und Sachen höchlich auszeichnen, aber zugleich mit so verletzender Kraft geschrieben sind, daß ich sie nicht einmal gegenwärtig publiciren möchte.... Daß er jedoch bei allen seinen Arbeiten verneinend und zerstörend zu Werke ging, war ihm selbst unangenehm, und er sprach es oft aus, er beneide mich um meine unschuldige Darstellungslust, welche aus der Freude an dem Vorbild und dem Nachgebildeten entspringe.

Bei alledem war er doch eine dilettantische, nicht eine schöpferische Natur, das verneinende, verbitterte Element in ihm war zu stark; haben wir hier also nicht den Mephisto, wie er leibt und lebt?

Nicht minder hat er wol von ihm die Behandlung geliehen, die Mephisto den Studenten in Auerbach's Keller angedeihen läßt:

> So war Merck ein Todfeind aller akademischen Bürger, die nun freilich zu jener Zeit in Gießen sich in der tiefsten Rohheit gefielen.

Ebenso hat er Mephisto's Verhältniß zu Gretchen, wie es scheint, ihm nachgebildet, der ihn in Wetzlar bei Lotte nicht wenig dadurch genirte:

> Kaum konnte ich erwarten, bis ich ihn bei Lotten eingeführt; allein seine Gegenwart in diesem Kreise gerieth mir nicht zum Gedeihen; denn wie Mephistopheles, er mag hintreten, wohin er will, wol schwerlich Segen mitbringt, so machte er mir durch seine Gleichgültigkeit gegen diese geliebte Person, wenn er mich auch nicht zum Wanken brachte, doch wenigstens keine Freude.

Später zeigt er ihn uns mit Laroche in Wahlverwandtschaft, welcher nach der Schilderung, die er von ihm entwirft, wol auch zum Antonio gesessen haben mag, nennt ihn kalt und unruhig, ja erzählt sogar, wie er ihn beinahe durch ein nichtssagendes, gleichgültiges Urtheil veranlaßt hätte, den „Werther" zu vernichten, ja ihm gar vom „Clavigo" gesagt habe:

> Solch einen Quark mußt du mir künftig nicht mehr schreiben; das können die andern auch.

Kurz, wir erfahren so viel anscheinend Nachtheiliges, daß wir seine Anhänglichkeit an den Freund kaum recht begreifen könnten und den sehr hohen Werth, den er offenbar auf dessen Urtheil und Beifall legte, wenn er uns nicht zwischenhinein von ihm berichtete, wie er in besserer Stimmung den „Werther" sofort erkannt und nach seiner Bedeutung geschätzt, vollends aber, wie er ihm eines Tags gesagt habe:

> Dein Bestreben, deine unablenkbare Richtung ist, dem Wirklichen eine poetische Gestalt zu geben; die andern suchen das sogenannte Poetische, das Imaginative zu verwirklichen, und das gibt nichts wie dummes Zeug.

Das ist denn doch in ein paar Worten zusammengedrängt das Beste und Schärfste, was je über Goethe's Production gesagt worden ist, und wir begreifen sofort dabei, wie er nicht nur dem jungen Poeten imponiren mußte, sondern auch noch den alten ruhmgekrönten zu dem Bekenntniß treiben mochte, daß er ihn

> zu übersehen glauben konnte, obschon ich ihn nicht sowol übersah, als nur die Seiten zu schätzen wußte, die außer seinem Gesichtskreise lagen.

Ferner erzählt er von ihm:

> Er kannte mich nach seiner Art durchaus, die unüberwindliche naive Gutmüthigkeit meines Wesens war ihm schmerzlich; das ewige Geltenlassen, das Leben und Lebenlassen war ihm ein Greuel.

Aus diesem mit Meisterstrichen gezeichneten Bildniß erkennt man den Mann und seine Art wol gut genug und noch besser die Anziehungskraft, die er auf Goethe trotz aller seiner Fehler ausüben mußte, da er ihn nicht nur zu würdigen verstand wie kaum ein anderer zu jener Zeit, sondern auch sein Wesen gewissermaßen ergänzte. Selbst noch als Goethe längst in Weimar thronte, war Merck dort bei ihm und am Hof ein häufig und gern gesehener Gast, wie sich denn solch schonungslose Verständigkeit und weltgewandtes Wesen wohl genug miteinander zu vertragen wissen, um den Inhaber gerade an Höfen wohlgelitten und gefürchtet zugleich zu machen; denn die Männer, die man nicht auch ein wenig fürchtet, die liebt man auch selten lange und schätzt sie noch seltener. Ungemessen productive Naturen wie Goethe, denen es zuwider ist, sich selbst viel mit Kritik zu beschäftigen, haben überhaupt gern kritische Geister zum Umgange; sie vertreten ihnen die Stelle des ästhetischen Gewissens, und diesen Posten scheint denn auch unser Merck lange Zeit und besser als irgendjemand bei dem Heroen bekleidet zu haben, der dafür seinen Namen dankbar der Nachwelt aufbehielt.

Johann Friedrich Merck.

Lotte.

(Leiden des jungen Werther.)

Haben wir im Laufe unserer begleitenden Betrachtungen bei jeder Gelegenheit unsere unbedingte Bewunderung der künstlerischen Meisterschaft auszusprechen, mit der Goethe die mannichfaltigsten Frauencharaktere uns zu schildern weiß, so gestehen wir aufrichtig, daß bei einem der berühmtesten derselben dies uns lange nie recht hat gelingen wollen, und zwar gerade bei der weltberühmten Amtmannstochter, die vom Dichter dazu bestimmt war, durch ihre Reize so viel Unglück anzurichten.

Auf die Gefahr hin, für ziemlich trocken und phantasielos zu gelten, müssen wir bekennen, daß sie uns immer eine Abstraction geblieben, obwol wir schon vor dreißig Jahren ihre Bekanntschaft gemacht. Als wir dieselbe daher bei Gelegenheit dieses Werks zu erneuern hatten und es uns abermals nicht gelingen wollte, sie lebendig vor uns zu sehen, so nahmen wir unsere Zuflucht zu dem authentischen Bilde jener Lotte Kestner, die Goethe einst zu seiner Schöpfung begeistert hatte, und wir begriffen jetzt wenigstens, wie er den Selbstmord ihrethalben doch lieber seinem Werther überlassen — und sich selber, wie er komisch genug erzählt, mit dem Ritzen der Haut begnügen mochte.

Indeß fanden wir doch nun leichter die Züge zusammen, wie sie Werther allmählich schildert; wir sahen zunächst das „Mädchen von schöner Gestalt, mittlerer Größe, die ein simples weißes Kleid mit blaßrothen Schleifen an Arm und Brust hatte“. Wir begreifen es, wenn er sagt:

> Wie ich mich unter dem Gespräche in den schwarzen Augen weidete! Wie die lebendigen Lippen und die frischen, muntern Wangen meine ganze Seele anzogen! Wie ich, in den herrlichen Sinn ihrer Rede ganz versunken, oft gar die Worte nicht hörte, mit denen sie sich ausdrückte —

was, beiläufig bemerkt, den meisten Liebenden bekanntlich so zu gehen pflegt. Ja, wenn er fortfährt:

> Tanzen muß man sie sehen! Siehst du, sie ist so mit ganzem Herzen und mit ganzer Seele dabei, ihr ganzer Körper Eine Harmonie, so sorglos, so unbefangen, als wenn das eigentlich alles wäre, als wenn sie sonst nichts dächte, nichts empfände, und in dem Augenblicke gewiß schwindet alles andere vor ihr —

so ist man sogar geneigt, ihm ein wenig zu sehr aufs Wort zu glauben. Auch das versteht man recht gut, wenn sie erzählt:

> Wie ich jünger war, liebte ich nichts so sehr als Romane. Weiß Gott, wie wohl mir's war, wenn ich mich Sonntags so in ein Eckchen setzen und mit ganzem Herzen an dem Glück und Unstern einer Miß Jenny theilnehmen konnte.

Daß man sich aber bis zum Wahnsinn in dieses gern tanzende, gern Romane lesende, im übrigen gesund häusliche, ja hausbackene, auffallend landstädtisch aussehende Gesicht verlieben kann, das begreift man noch immer nicht. Rühmt dann Werther einmal an ihr:

> So viel Einfalt bei so viel Verstand, so viel Güte bei so viel Festigkeit und die Ruhe der Seele bei dem wahren Leben und der Thätigkeit —

so bekommen wir nach und nach das Bild einer ganz gesunden, heitern, bescheidenen, eher etwas einfachen als berauschenden reichen Natur, und es war daher sehr natürlich, wenn sie der Künstler als solche in jener Gewitterscene nach dem Balle auffaßte, die Werther mit den Worten schildert:

> Es donnerte abseitwärts, und der herrliche Regen säuselte auf das Land, und der erquickendste Wohlgeruch stieg in aller Fülle einer warmen Luft zu uns auf. Sie stand auf ihren Ellbogen gestützt, ihr Blick durchdrang die Gegend, sie sah gen Himmel und auf mich, ich sah ihr Auge thränenvoll.

Hielten wir nun alle diese einzelnen Züge zusammen, so wurde uns allerdings auch endlich eine Lotte lebendig, ja wir glaubten sogar jetzt den genialen Instinct zu verstehen, welcher den Dichter lehrte, daß er gerade eben den Gegensatz von

Lottens thätigem, häuslichem, nichts weniger als überschwenglichem, aber durchaus gesundem Wesen brauche, um durch ihn das Kranke, Ueberreizte, Verzärtelte, Sentimentale, Melancholisch-Schwärmerische in Werther's Natur um so stärker herauszuheben. Ihre frische Weiblichkeit bildet zu dem Unmännlichen bei ihm einen um so schärfern Contrast. Sie erscheint immer blos verständig neben ihm; ist es doch so viel nüchterner, keine Pflicht zu vernachlässigen, und so viel interessanter, alle mit geistreichen Sophismen theoretisch wie in der Praxis mit Füßen zu treten wie Werther.

Neben ihm wie ganz anders erscheint uns da die so gewöhnliche Lotte, die freilich wenig Schwung, aber um so mehr Pflichtgefühl hat, sodaß man von ihr erzählen kann,

> ... wie seit der Zeit ein ganz anderer Geist Lotten belebt habe; wie sie in der Sorge für ihre Wirthschaft und in dem Ernste eine wahre Mutter geworden; wie kein Augenblick ihrer Zeit ohne thätige Liebe, ohne Arbeit verstrichen und dennoch ihre Munterkeit, ihr leichter Sinn sie nie dabei verlassen habe.

Gerade diese Tüchtigkeit des Wesens muß auf einen Menschen wie Werther den tiefsten Eindruck machen; der Kranke liebt nicht wieder das Kranke, sondern im Gegentheil leidenschaftlich das Gesunde, obwol er es nie recht versteht. Ebenso ist es das Eigenthümliche aller geistigen Krankheiten, daß sie uns die Empfindung für die Realität der Dinge verlieren lassen; so sagt denn auch Werther einmal im Verlauf der seinigen:

> Ich spiele mit, vielmehr, ich werde gespielt wie eine Marionette, und fasse manchmal meinen Nachbar an der hölzernen Hand und schaudre zurück.

Gerade aber Lotte verliert jene Empfindung nie, wie die meisten Frauen, so gern sie sich auch einmal von der Schwärmerei fortreißen lassen, ja ein wenig kokettiren, wie das auch Lotten gelegentlich widerfährt; doch findet sie sich gleich wieder zurecht, während Werther dann ihr vorwerfen zu dürfen glaubt:

> Sie sieht nicht, sie fühlt nicht, daß sie ein Gift bereitet, das mich und sie zu Grunde richten wird.

Das ist der Vorwurf des Kranken; viel wahrer ist, wenn wir später von ihr hören:

> So viel ist gewiß, sie war fest bei sich entschlossen, alles zu thun, um Werther zu entfernen.

Oder wenn sie ihm gar sagt:

> Warum denn mich, Werther? just mich, das Eigenthum eines andern? just das? Ich fürchte, ich fürchte, es ist nur die Unmöglichkeit, mich zu besitzen, die Ihnen diesen Wunsch so reizend macht —

so haben wir ebenso viel Grund, uns ihres kernhaften Menschenverstandes zu freuen, als es begreiflich zu finden, wenn er über der grenzenlosen Leidenschaft eines begabten und von ihr geachteten Mannes endlich für einen Augenblick ins Wanken kommt, sie sich einen Augenblick vergißt:

> Alles, was sie Interessantes fühlte und dachte, war sie gewohnt mit ihm zu theilen, und seine Entfernung drohte in ihr ganzes Wesen eine Lücke zu reißen, die nicht wieder ausgefüllt werden konnte. O, hätte sie ihn in dem Augenblicke zum Bruder umwandeln können: wie glücklich wäre sie gewesen!

Nichts ist so ansteckend als die Thorheit; daß sie also einen Moment schwankt, können wir ihr um so weniger verdenken, als sie sofort den Entschluß findet, der ihrer Pflicht entspricht, und ihm zuruft:

> Das ist das letzte mal, Werther! Sie sehen mich nicht wieder.

Gleichgültig zu bleiben, hätte sie gefühllos erscheinen lassen; ein Sieg, der keinen Kampf kostet, ist keine Tugend: so dürfen wir denn wol den, welchen sie sich abrang, ihr um so höher anrechnen, je mehr er schwer werden mußte.

Elisabeth.

(Götz von Berlichingen.)

„Wem Gott wohl will, dem gibt er eine brave Frau“, sagt der streitbare Ritter von Berlichingen mit einer so tiefen Ueberzeugung von der seinigen, daß wir nicht umhin können, gerührt unser Amen dazuzugeben und dankbar anzuerkennen, daß er noch heutigen Tags bei diesem Glück in Deutschland immer viele Genossen fände, die es kaum so wohl verdienen als er. Wenn er übrigens Frau Elisabeth vor allem brav nennt, so trifft das den Kern ihrer Eigenthümlichkeit, das ist sie durch und durch; es ist eine deutsche Nationaltugend, die man noch heute bei den Frauen fast ebenso häufig findet als bei den Männern, und die uns für viel Rauhes, Ungehobeltes, ja Unschönes trösten muß, das uns Deutschen anklebt.

Gibt's selten ein Unglück allein, so steht auch selten eine Tugend einsam; so schließen sich denn auch bei Götz' Frau an besagten Vorzug noch einige andere an, die alle in dieselbe Familie gehören. Schlicht, tüchtig, arbeitsam, häuslich, klagt sie nie über angegriffene Nerven und — spielt kein Klavier. Von Romanen und Novellen scheint sie außer den biblischen wenige zu kennen und kann wahrscheinlich auch gleich jenem, der einen Vetter hatte, der die Flöte blies, in dieser Beziehung nur rühmend sagen, daß ihre sentimentale Schwägerin den Theuerdank gelesen. Leider sind auch keinerlei gegründete Inzichten vorhanden, daß Frau Götz sich jemals bei ihrer Erziehung einer genfer Bonne erfreut, bereits gut oder schlecht französisch geplappert, ehe sie deutsch gelernt, jemals den Namen

Berlichingen in dieser dem deutschen Adel von heute so sehr zusagenden Sprache mishandelt habe. Dafür kocht sie dem zurückkehrenden Götz eigenhändig weiße Rüben und einen Lammsbraten, wie uns der weise Karl als enfant terrible verräth, der offenbar noch keine Ahnung von dem Entehrenden einer solchen Beschäftigung für eine Hochwohlgeborene hat.

Glücklicherweise ist wenigstens viel Grund vorhanden, zu vermuthen, daß Frau Götz' brocatenes Sonntagskleid von einem nürnberger oder kölner Krämer herrührte, ohne daß bisjetzt die Rechnung dafür eingefordert worden, und damit wenigstens nähert sie sich wieder einigermaßen modern aristokratischen Traditionen um so mehr, als sie noch überdies bei Götz' Ankunft zu allererst die Bemerkung macht: „Da kommt er mit Beute."

Keine Sonne ohne Flecken, und so dankt leider auch Frau Götz dem lieben Gott geschmackloserweise, daß er sie härter zusammengesetzt hat als die Schwägerin, während unsere Burgfrauen sich gar nicht weich genug kriegen können und nur etwa darin mit ihr harmoniren, daß sie sich auch keineswegs zu sehr darüber zu beunruhigen pflegen, wenn der Gatte viel länger ausbleibt, als er bei der Abreise angesagt. Ueberhaupt liegt manches vor, was auf die Vermuthung führt, daß die Gnädige von Jaxthausen ein wenig — derb gewesen sei zu zeiten, ganz unähnlich sowol jener schönen Gräfin, die ihrer weißen Arme wegen schon damals Stifterin des Geschlechts derer von Katzenellenbogen wurde, als auch denjenigen heutigen Huldgöttinnen, bei denen sich unsere Galanterie bei dieser Vergleichung nicht lediglich auf den Elnbogen beschränken würde.

Ebenso besaß Frau Götz offenbar nichts von jenem so bezaubernden Esprit, der neben den würzigen Düften der siedenden Kaffee- oder Theekanne am besten gedeiht und mit so feiner Dialektik aus schwarz weiß und umgekehrt macht; sie hat dagegen blos jenen einfachen, scharfen, schonungslosen gesunden Menschenverstand einzusetzen, der sich nie entschließen kann, schwarz anders als schwarz, etwa grau oder grün oder ein leuchtendes Schwarz zu nennen; sie haßt oder liebt mit der Bestimmtheit eines sichern Naturells und sagt der klügelnden Schwägerin, die Weislingen's Verrath entschuldigt, einfach:

> Nun sag', was kann der Mensch je Gutes gehabt haben, der seinem besten, treuesten Freunde nachstellt?

Sie hat daher auch niemals Anspruch darauf, interessant oder pikant genannt zu werden, denn das ist nur das Unberechenbare, Unfertige oder Halbe; sie aber ist nicht nur fertig und leicht zu berechnen, sondern auch aus Einem Stücke geschnitzt, ohne Widersprüche und von voller Gesundheit. Nie spricht sie von ihrem Herzen; obwol sie durchaus nicht leiden kann, wenn andere keins haben, so beschäftigt sie sich keineswegs so scharfsinnig, unaufhörlich und ausschließlich mit den Zuständen des ihrigen, als heute weibliche Mode ist: eine grobe Vernachlässigung die allerdings gerügt werden muß.

Vielleicht entschädigt für diesen schreienden Mangel einigermaßen der Umstand, daß man es jedem Worte bei ihr anfühlen würde, wenn man es nicht vor Augen sähe, daß sie ihrem Manne in Noth und Tod treu zur Seite bleiben wird, seine geehrte Beratherin im Glück, sein letzter, aber nie fehlender Trost in jedem Ungemach.

Es ist die nothwendige Consequenz, der unausbleibiche Verlauf jeder Cultur, daß sie nicht nur zur Verfeinerung, sondern auch ebenso sicher zur Verschlechterung, zur Verderbniß führen muß, wenn ihr nicht die Kunst helfend, besserud und verjüngend zur Seite steht dadurch, daß sie uns immer wieder neue Ideale von Kraft und Gesundheit, von ursprünglichen und unentweihten Verhältnissen und Personen als leuchtendes Muster aufstellt und dadurch unsere von der trüben Welle des Tags befleckten sittlichen Begriffe reinigt. Das Götz'sche Paar ist ein solches Ideal eines guten Ehestandes durch Goethe geworden und hat so sehr viel mehr Gutes gestiftet, als die wirkliche Frau Götz, wie vortrefflich sie auch gewesen sein möchte, jemals im Stande gewesen wäre. Und wenn diese längst vergessen sein wird, so lebt und wirkt die Goethe'sche in aller Herzen fort; denn schöner ist das Verhältniß zweier Gatten nie geschildert worden!

In den schlichten Ausdrücken, in denen das Paar voneinander spricht, liegt eine tiefe Wärme, die nicht rührender gedacht werden kann; sie lieben sich nicht nur, sie ehren sich auch beständig, und dazu gehört wol oft noch mehr: zum einen gehört Hingebung; das zweite erfordert aber eine schwere Selbstbeherrschung, selbst bei der aufrichtigsten Neigung.

Goethe erzählt uns, daß man in Frau Götz das leibhaftige

Bild seiner Mutter finden gewollt, und wir glauben gern, daß die liebenswürdige, tüchtige Frau Rath zu manchem Zuge desselben gesessen. Hat doch Frau Elisabeth ein so individuelles Gepräge, wie es der Künstler niemals herstellen kann, ohne daß ihm eine Person dabei sitzt, und wer hätte mehr die zu einer wackern deutschen Hausfrau nöthigen Eigenschaften mit eigenthümlicher frischer Anmuth vereinigt als die strahlend heitere, kernige, gesunde Mutter unsers Dichters?

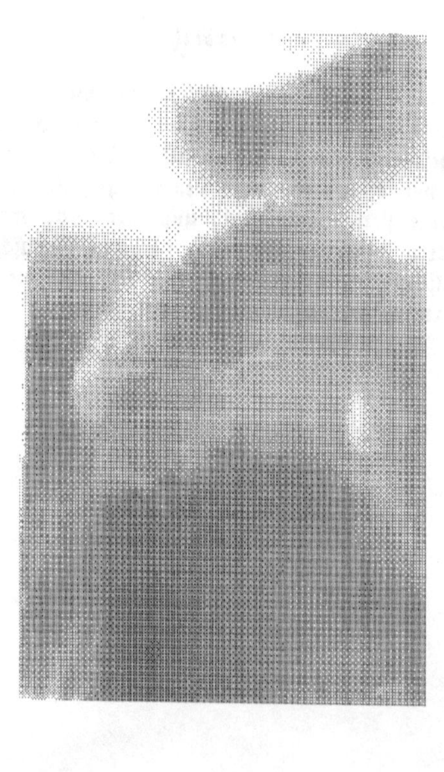

Friderike.

„Und fürwahr, da ging an diesem ländlichen Himmel ein allerliebster Stern auf", sagt Goethe, da er das Auftreten der lieblichen Pfarrerstochter von Sesenheim schildert, mit jener heitern Behaglichkeit, welche die Erinnerung an genossene Jugendfreuden im Alter so leicht in uns heraufruft.

Es ist ein glücklicher Zug der Menschennatur, daß sie für das Schöne und Erfreuliche in ihren Erlebnissen ein viel besseres Gedächtniß bewahrt als für die unvermeidlichen Schmerzen des Daseins.

Weiß der Altmeister nicht in dem thaufrischen Gemälde, das er uns von jener lieblichen Episode seines Jugendlebens entwirft, all den Sonnenschein, den heitern, harmlosen Lebensdrang der Jugend, das Gefühl ihrer Kraft und Gesundheit, ihres genialen Uebermuths selbst, mit unvergänglicher Farbenglut in uns zu erwecken? Ist nicht eine wahre sommerliche Sonntagsmorgen-Stimmung im ganzen Gemälde?

Am Nachmittag freilich wirds heißer und schwüler, es gibt etwas Bangigkeit und ein kleines Gewitter. Aber auch seine Wolken verziehen sich bald, nachdem sie kaum mit ihren Tropfen den Staub des Alltäglichen gelöscht, und im goldenen Abendscheine glänzt zuletzt das herrliche elsässische Land, glänzender nur durch die zitternde Thräne wehmüthiger Erinnerung, die noch an jedem Blatt hängt!

Wen beschleicht nicht endlich auch diese Wehmuth, wenn er an längst vorübergegangene Jugendfreuden zurückgedacht, wenn er die kühle Stille in der Brust mit dem Sturm und Drang von ehedem vergleicht, mit der grenzenlosen Ueberfülle, dem unerschöpflichen Reichthum der Empfindung, der sie damals oft zu sprengen drohte! Wohl uns, wenn es uns im Laufe des Lebens gelungen, den einstigen Schatz von ungemünztem Gold der Gefühle in eine immerhin leicht zu zählende und zu übersehende Anzahl von Ideen, Kenntnissen und Erfahrungen umzuprägen und dann noch immer für reich zu gelten, obgleich diese viel mehr im Kopfe als in den Schatzkammern des Herzens aufgespeichert zu werden pflegen. Es ist nun einmal nicht anders, als daß diese letztern gar oft eine Anzahl doppelfarbiger Erinnerungsblätter zu beherbergen bekommen, auf deren einer Seite das Bekenntniß einer Schuld geschrieben steht, während die andere uns von genossenem Glück erzählt.

War in Goethe's Herzen Friederikens Bild auf einem solchen doppelfarbigen Blatt gemalt? Wir glauben es nicht, wenn vielleicht auch die letzte Seite dieser Erinnerung mit etwas dunklerm Roth geschrieben stand als die erste glänzende.

Wir verhehlen es uns nicht, die Gefahr ist nicht gering, daß unsere schönen Leserinnen, die regelmäßig Friederikens Partei zu ergreifen pflegen, uns hier nicht beistimmen, auch wenn wir ihnen, wie im Folgenden geschehen soll, unsere Gründe auseinandersetzen.

Wir finden Friederike als ein durchaus naives, liebenswürdiges, munteres Kind geschildert; anmuthig spielend, graziös, eine heitere, leichte Natur, trug sie das Stumpfnäschen fröhlich in die Welt hinein, die sich in ihren klaren blauen Augen so sonnig widerspiegelte. Sie begriff nicht, sie ahnte höchstens den riesigen Geist dessen, der so kindlich liebenswürdig mit ihr spielte. Wie hätte sie ihn auch begreifen sollen!

Was man aber nicht versteht, das hat man auch kein Recht zu besitzen, ja man besitzt es nicht einmal, selbst wenn man es unter Schloß und Riegel hätte. Friederikens Natur war auf so großen Besitz nicht angelegt, ihre ländliche Erziehung machte ihn vollends unmöglich. Ein Mann kann sich allenfalls noch zu höherer Bildung aufschwingen, selbst wenn er die

Jünglingsjahre in geringem Stande verbrachte, die Frau nie, wenn sie nicht ganz ungewöhnlichen Geistes ist.

Die Flammen des Genius, mit denen sie eine Weile glücklich spielte, würden also das enge Gefäß, in welchem Friederike dieselben bewahren konnte, entweder hundertmal verzehrt oder dieses würde sie zu ersticken versucht haben.

Das eine wäre aber für sie, das andere für die Welt ein großes Unglück gewesen. Daß sie das fühlte und freiwillig verzichtete, das flicht ihrem reinen, heitern und hingebenden Wesen die schönste Krone. Und dieser Verzicht, wurde er ihr nicht mit unsterblichem Glanze, mit unvergänglicher Schönheit belohnt? Lebt sie nicht in Millionen Herzen fort, weil sie auf das eine edel zu verzichten wußte? Gibt es eine Frau, die um diesen Preis nicht Friederike sein möchte, um den Preis, in ewiger Anmuth im Gedächtniß der Nation fortzuleben, mit der Erinnerung, einmal des Höchsten und Schönsten werth gewesen zu sein, den es weit herum gab in allen deutschen Landen?

Es ist nun einmal das Los des Schönen, daß es rasch vergehen muß und zurückkehren zum ewigen Quell der Anmuth. Ist es aber für die wilde Rose nicht ein edleres Geschick, an der Brust des Dichters in einem glänzenden Sommertag zu glühen auf die Gefahr hin, ihm im raschen Siegeslauf bald zu entfallen, als vom folgenden Sturme entblättert zu werden? Sei's drum; hat sie doch geblüht und geglüht, hat sie ihm doch unsterbliche Lieder geflüstert, sie hat nicht umsonst gelebt wie Millionen ihrer Schwestern, sie ist doch einmal zum Gefühl der höchsten Seligkeit gekommen — einer Seligkeit, die ausreicht, das ganze lange folgende Pflichtenleben mit ihrem Widerschein zu verschönern!

Daß Friederike groß genug war, ihr Verhältniß zu Goethe so aufzufassen, wie uns das alle Zeugnisse beweisen, das gereicht ihr zu unvergänglichem Ruhm und macht uns die Gestalt des schönen Mädchens nur um so lieber, weil das ein Beweis mehr von der so echt weiblich schönen Natur ist, die Goethe an ihr so anzog, wenn er glücklicherweise auch Verstand und Besonnenheit genug hatte, die Feldblume nicht in die Stadt verpflanzen zu wollen, sondern sie da ließ, wo sie die ganze Flur schmückte.

Friederike.

Wie er uns ihre Erscheinung als am reizendsten beschrieben, so hat sie der Künstler auch darzustellen gesucht, im Laufe über die üppigen Wiesen, halb schwebend, halb gehend, halb städtisch, halb ländlich sich tragend, glühend von frischer Jugendlust mit dem Hintergrund der reichen elsässischen Ebene.

Fr. Pecht gez.

Werther.

F. A. Brockhaus' Geogr.-artist. Anstalt, Leipzig

Werther.

(Leiden des jungen Werther.)

Ist es das echte Kennzeichen des Genius, daß er bisweilen in einem einzigen Werk die ganze geistige Verfassung seiner Zeit widerzuspiegeln vermag, so gehört der „Werther“, wie Schiller's „Räuber“, unstreitig zu diesen Kunstwerken, die förmliche Marksteine einer Culturepoche genannt werden müssen.

Wenige Bücher haben jemals eine so blitzartig zündende Wirkung ausgeübt als das, dessen Helden wir hier schildern sollen. Auch heute noch hält es uns, wirft man es nicht nach den ersten zehn Seiten schon weg, krampfartig fest, jagt uns das Fieber ins Blut durch den Schauer über die Abgründe des menschlichen Herzens, an denen wir täglich sorglos vorbeischreiten und die es mit wilder Lust aufdeckt. Es hat aber keine befreiende, erhebende Wirkung, im Gegentheil eine beklemmende, schwindelerregende, krankmachende. Muß man es tief traurig nennen, so ist es doch ganz und gar nicht tragisch. Das Tragische verlangt einen Helden, ein großes, mächtiges Interesse, um dessen Sieg oder Untergang es sich handle, dessen Träger der Held sei: ein Posa, der die Welt befreien, ein Faust, der die tiefsten Räthsel des Daseins ergründen möchte, sind tragische Figuren; Gott soll uns aber behüten, einen Schwächling wie Werther, der sich eines beliebigen Unterrocks halber eine Kugel durch den Kopf schießt, jemals für einen tragischen Heros zu halten, wie man es bei seinem Erscheinen that. Das Deutschland oder vielmehr das Europa, das durch den „Werther“ in Bewegung gesetzt wurde, war durch und durch krank — und jene gewaltige Wirkung des Buchs ist nur ein Beweis weiter für die Krankheit.

Lange Friedensperioden, wie die war, in welcher der „Werther" entstand, haben immer einen verweichlichenden Einfluß auf die Geister; nützen sie der Humanität, so fördern sie auch den Egoismus, die Verzärtelung, die Genußsucht, die falsche Empfindsamkeit des einzelnen. Was war da unvermeidlicher, als daß gerade die hervorragenden Geister die Natur als Gegensatz dieser Cultur auffaßten, Schiller seinen Karl Moor unter die Räuber gehen, Goethe seinen Werther sich lediglich mit seinem Herzen beschäftigen läßt, da es an aller sonstigen anständigen Beschäftigung beim Reichskammergericht in Wetzlar allerdings fehlte. Daß diese Werke vielfach misverstanden werden mußten, lag auf der Hand. Ueber der hinreißenden Gewalt der Schilderung vergaß man, daß die beiden großen Dichter ganz gerecht ihre Geschöpfe zu Grunde gehen lassen; der Zauber der Poesie, der sie umgab, machte sie doch zu Idealen derjenigen, die noch mitten in der Krankheit staken, von der sich der geniale Poet durch sein Gemälde befreite. Man genoß den „Werther" mit unerhörter Leidenschaft, man verstand ihn aber nicht — zu niemandes größerm Aerger als des Autors selber.

Heute empfinden wir anders. Wir wissen, daß der einzelne nur ein Theil des Ganzen ist, sich ihm zu weihen hat und nur gesund sein kann, wenn er dieser Pflicht genügt. Goethe empfand das wahrhaftig auch, denn das erste, was er thut, ist, uns sehr deutlich zu zeigen, wie Werther diese Pflicht vernachlässigt, wie ihm alle großen Interessen fehlen, wie er nie vermag sich unterzuordnen, wie er selbstisch und verzärtelt vor jeder Berührung mit der Welt zurückschreckt, wie er überhaupt nicht dazu kommt irgendetwas zu thun, als im Wirthsgarten Erbsen auszuhülsen. Der Mann ist aber nur so viel werth, als er thut. Das schöne Sein, welches man damals so pries, ist Sache der Frauen. Während so unsere erste Aufgabe ist, nicht an uns zu denken, uns blos an andern zu messen, sagt sein Werther:

> Die Einsamkeit ist meinem Herzen köstlicher Balsam.

Er cajolirt sich förmlich:

> Wie oft lull' ich mein empörtes Blut zur Ruhe; denn so ungleich, so unstet hast du nichts gesehen, als dieses Herz. Auch halte ich mein Herzchen wie ein krankes Kind; jeder Wille wird ihm gestattet.

In dieser angenehmen Beschäftigung mit sich selber, in dieser zwecklosen Träumerei, die einem jungen Mädchen allenfalls ebenso hübsch ansteht, als einem Mann schlecht, hat denn auch der Künstler ihn dargestellt, wie er den Homer am Brunnen liest:

> Da ist gleich vor dem Orte ein Brunnen, ein Brunnen, an den ich gebannt bin, wie Melusine mit ihren Schwestern.... Die hohen Bäume, die den Platz ringsumher bedecken, die Kühle des Orts: das hat alles so was Anzügliches, was Schauerliches. Es vergeht kein Tag, daß ich nicht eine Stunde dasitze.

Natürlich suchte der Künstler das Weichliche, Gefühlige, Schwärmerische des Charakters herauszukehren, dachte sich ihn blond und rosig von Teint, mit Händen, die die schnöde rauhe Arbeit immer abschreckt, obwol er bisweilen Gewissensbisse darüber empfindet:

> Nur muß mir nicht einfallen, daß noch so viele andere Kräfte in mir ruhen, die alle ungenutzt vermodern, und die ich sorgfältig verbergen muß. Ach, das engt das ganze Herz so ein. -- Und doch, misverstanden zu werden, ist das Schicksal von unsereinem.

In solchen Fällen pflegt man dann das Leben von gar erhabenem Standpunkte zu betrachten:

> Es ist ein einförmiges Ding um das Menschengeschlecht. Die meisten verarbeiten den größten Theil der Zeit, um zu leben, und das bischen, das ihnen von Freiheit übrig bleibt, ängstigt sie so, daß sie alle Mittel aufsuchen, um es los zu werden —

wie man denn überhaupt nie leichter geneigt ist, die Menschheit mit ihrem Ringen en bagatelle zu betrachten, als wenn man selbst sehr wenig Lust hat, irgendetwas Gescheites zu machen, sondern auf eine tüchtige Thorheit lossteuert. Einer der besten Nothbehelfe, wenn man eigentlich wenig Ursache hat mit sich selbst zufrieden zu sein, ist ja der, daß man die Welt zu gering hält, um ihr seine Thätigkeit zu weihen, daß man sich genial däucht und unverstanden. Die Ansicht, die solche Charaktere aber von Genialität haben, ist eine gar absonderliche. Werther zeichnet sie trefflich, wenn er sagt:

> O meine Freunde! warum der Strom des Genies so selten ausbricht, so selten in hohen Fluten hereinbraust und eure staunende Seele erschüttert? — Liebe Freunde, da wohnen die gelassenen Herren auf beiden Seiten des Ufers, denen ihre Gartenhäuschen, Tulpenbeete und Krautfelder zu Grunde gehen würden, die daher in Zeiten mit Dämmen und Ableiten der künftig drohenden Gefahr abzuwehren wissen.

Ihm ist sie nur eine zerstörende Kraft, er hält sie für Willkür, während sie doch gerade das allein Befruchtende, Gesetzmäßige, ja das Gesetz selber ist, welches sich in ihr ausprägt. Hat man sich dann erst die Kläglichkeit und Unwürdigkeit aller irdischen Bestrebungen für das erhabene Ich eingeredet, so ist nichts natürlicher, als daß in der Leere dasjenige Gefühl allein und übermäßig Platz nimmt, welches in der Seele des thätigen Mannes immer nur die zweite Stelle behaupten kann, so sicher es sie auch behaupten soll, daß die Liebe dann für Werther ein Fluch wird, wie sie für jeden andern ein Segen ist. Von ihr getroffen, sagt er dann auch gleich:

> Und seit der Zeit können Sonne, Mond und Sterne geruhig ihre Wirthschaft treiben, ich weiß weder daß Tag, noch daß Nacht ist, und die ganze Welt verliert sich um mich her.

Es bleibt das auch sein Wahlspruch, an dem er mit der Hartnäckigkeit eines schwachen Charakters festhält, bis er ihn ins Verderben führt. Die Art aber, wie uns dieser allmähliche, unausweichliche Untergang geschildert wird, zeugt von einer Meisterschaft, die in unserer Prosa nicht wieder erreicht worden ist. Man fühlt sich selber von dem Wirbel getrieben, der den Unglücklichen erfaßt hat und ihn in immer engerm Kreise herumtreibt, bis er vor unsern Augen versinkt; mit athemloser Spannung sehen wir, wie er zeitweise noch nach irgendeinem Gegenstand, nach irgendeiner Hand greift, die ihm die Welt darbietet, um sich zu halten, sie aber, fortgerissen von der zügellos treibenden Gewalt, immer wieder fahren läßt, bis er zerschmettert zu unsern Füßen liegt. Wir scheiden von ihm mit jenem Schauer, der uns um so mehr ergreift, je liebenswürdiger und bedeutender der ist, den wir von einer unheilbaren Krankheit erfaßt sehen, deren erstes unmerkliches Auftreten wie furchtbares Ueberhandnehmen der Dichter hier mit so hinreißender Gewalt schildert.

Maria.
(Götz von Berlichingen.)

„Maria ist liebreich und schön“, sowie „einem Gefangenen und Kranken kann ich's nicht übel nehmen, der sich in sie verliebt. In ihren Augen ist Trost, gesellschaftliche Melancholie“, sagt Franz von Götzens liebenswürdiger, sanfter Schwester. „Wenn ich so einen Mann haben sollte, der sich immer Gefahren aussetzte, ich stürbe im ersten Jahr“, sagt sie selber, und „Du thust besser, Karl, lebst du einmal auf deinem Schloß als ein frommer christlicher Ritter. Die rechtschaffensten Ritter begehen mehr Ungerechtigkeit als Gerechtigkeit auf ihren Zügen“, schärft sie weiter dem kleinen Söhnchen ihres heldenhaften Bruders ein, den sie richtig schon zu einem kleinen Ofenhocker und Pedanten verzogen hat. Fräulein Maria ist innerlich eigentlich nüchtern und verständig, auch ein klein wenig sentimental dabei, sie ist deshalb in tiefem Gegensatz zum Götz'schen Ehepaar, das bei aller derben Biederkeit von einer Art wildromantischer Poesie so sehr erfüllt ist, für die ihr sogar das Verständniß abgeht, sodaß sie dem von Weislingen so tief beleidigten Bruder gegenüber sich noch ihre eigene Meinung reservirt, „bei der ganzen Sache mehr Zuschauer ist und billiger sein kann“.

Eine gewisse kühle Temperatur hat sie durchweg, und wenn nicht eine so eigenthümliche Reinheit und klösterliche Strenge in ihrem Wesen wäre, so geriethe sie in die Gefahr — langweilig zu werden; aber wenn sie Weislingen sagt, daß sie hoffe ihn glücklich zu machen, so wehrt sie doch gleich trotz der Liebe der Annäherung des dreisten Buhlers und sagt ihm:

> Ich bin nicht durch Eure Liebkosungen erbaut. Man lehrte mich: Liebkosungen sei'n wie Ketten, stark durch ihre Verwandtschaft, und Mädchen, wenn sie liebten, sei'n schwächer als Simson nach Verlust seiner Locken.

Sie hat in ihrer ganzen Figur so etwas von einer Heiligen auf einem altdeutschen Bild, mit langer Taille und blondem Blut. Wenn sie unstreitig das besitzt, was den meisten Frauen fehlt, ob sie auch noch so glänzenden Geistes seien: Vernunft, so ist es doch eine im Kloster geschulte. Ihr Geist ist ohne irgendwelche überraschende Wendung, eine kleine Anzahl stiller Capricen etwa ausgenommen. Das Schmuck- und Phantasiearme, aber auch Kernige und Echte in Mariens Charakter macht es eben Naturen wie Weislingen, die von all dem das Gegentheil, die reich an Geist, gewandt, höfisch und elegant, aber schwach von Charakter sind, so leicht sie zu gewinnen, allerdings aber ebenso schnell zu verlieren, wenn sie erst erkannt sind. Den Unerfahrenen besticht immer die Schönheit der Form; ist es doch so natürlich und verzeihlich, den Inhalt in Harmonie mit ihr zu glauben. Sicherlich können wir Maria um diese Liebe nicht tadeln, sie war bei ihrer Unerfahrenheit so erklärlich, und Sickingen sagt ganz richtig: „Soll darum das arme Mädchen in ein Kloster gehen, weil der erste Mann, den sie kannte, ein Nichtswürdiger war?“

Er weiß es: „Sie sitzt, das arme Mädchen, verjammert und verbetet ihr Leben“, denn er ist ein zu guter Weltmann, um nicht zu berechnen, daß dies für ein junges Mädchen unter anderm auch recht langweilig ist, ganz geeignet, um diejenige Stimmung in ihnen zu erzeugen, in der man auch einen nicht mehr zu jungen Witwer heirathet, wenn er nur fest und männlich auftritt, das Gegentheil der Eigenschaften zeigt, die einem an dem Treulosen so gefallen hatten; denn wäre er gerade so wie dieser, anstatt ganz anders, so würde er Mistrauen erregen. Jene Scene nun hat der Künstler für Maria's Darstellung gewählt, da sie Sickingen's Werbung empfängt, ein Moment, den er mit so köstlichem Humor beschreibt:

Maria.

> Es geht alles nach Wunsch; sie war etwas bestürzt über meinen Antrag und sah mich vom Kopf bis auf die Füße an; ich wette, sie verglich mich mit ihrem Weißfisch .... Sie antwortete wenig und durcheinander; desto besser! Es mag eine Zeit kochen. Bei Mädchen, die durch Liebesunglück gebeizt sind, wird ein Heirathsvorschlag bald gar.

Und er ward es. Frauen wie Maria werden nur einmal so betrogen, dann wählen sie vorsichtig; in dem Augenblick, da sie, wenn auch noch melancholisch, doch wieder Hoffnung fassen, da werden sie auch wieder reich an Liebe.

Bescheiden in ihren Wünschen, ist Marien das Gewohnte vor allem lieb und werth, sie ist also anhänglich von Haus aus, und wo wäre diese Anhänglichkeit eines zärtlichen Herzens besser angebracht als bei dem Bruder, den sie fürchtet und ihm vielleicht nur um so mehr zugethan ist; sie will ihn nicht verlassen in der Noth. Daß sie aber auch auf ihren Mann schon eine Stunde nach der Trauung stolz ist, sehen wir aus den Worten:

> Ich kann nicht von euch, Schwester. Lieber Bruder, laß uns. Achtest du meinen Mann so wenig, daß du in dieser Extremität seine Hülfe verschmähst?

Sie gibt erst nach, da sie sieht, daß der Bruder seine Rettung dereinst gerade von ihm erwartet, erst dann zieht sie mit dem Gatten von dannen.

Wir sehen sie nur noch zweimal, am Todeslager Weislingen's, wohin sie geeilt, um Götzens Leben von ihm zu erflehen, der sie so tödlich beleidigt, was ihr ebenso schwer werden mußte, als ihr Anblick eine furchtbare Strafe für ihn ist. Das Elend des einst Geliebten ruft ihr aufs neue ins Gedächtniß, wie theuer er ihr gewesen, sein Anblick zerreißt ihr das Herz und sie verzeiht ihm, bittet den Himmel um Gnade für ihn. Ist es doch das schöne Vorrecht der Frauen, dem Erbarmen überall offen und zugänglich zu sein, wenn der Grund ihres Charakters wirklich gut ist, und hier liefert Maria die entscheidende Probe für den ihrigen.

Das zweite mal sehen wir sie die von Weislingen erwirkte Befreiung Götzen bringend, den sie ebenfalls am Sterben trifft. Es scheint alles um sie zusammenzubrechen, denn auch ihr

Mann ist belagert und bedrängt. Denkt sie aber fast mehr an den unglücklichen Weislingen und an ihren sterbenden Bruder als an ihn, so denkt sie doch an sich gar nicht, und damit spricht sie denn ihren echt weiblichen Charakter aus, dem Hingebung und Selbstverleugnung schönes Bedürfniß sind.

Maria

F. Pecht gez.

[illegible]

F. A. Brockhaus' Geogr.-artist. Anstalt [illegible]

Cornelie Goethe.

Wer wüßte nicht, daß das Genie und die Frauen so untrennbar verbunden sind als Ton und Echo?

Findet man daher, daß im Leben jedes großen Mannes, besonders aber in dem des Dichters, die Frauen eine so sehr bedeutende Rolle spielen, so hat das seinen guten Grund. Sein Talent rührt blos die Saiten zu wundersamen Melodien, die Frauen sind die nothwendige Resonanz derselben, ohne welche sie nicht halb so viel Wohlklang haben, ja oft wirkungslos verhallen würden. Denn wenn der Ton in mächtigen Schwingungen widerklingt, so mehrt er auch die Begeisterung des Sängers, erhöht sein Talent. Eben weil die Frau nicht selber producirt, ist sie um so empfänglicher für jede schöpferische Kraft, fühlt sie schneller heraus, als dies die Männer zu thun pflegen. Man kann daher ihr Ergriffenwerden fast als Prüfstein des Genius gelten lassen. Wirkt er nicht magnetisch auf sie, die feinfühligsten aller Wesen, so wird es wol auch mit seiner Kraft nicht sehr weit her sein.

Nicht als ob er gerade allemal anziehen müßte, das heftige Abstoßen ist oft ein fast ebenso sicheres Zeichen; erleben wir es doch bei Goethe selber, daß er jetzt einen sehr großen Theil der Frauen, vielleicht ihre Mehrzahl, sehr entschieden abstößt, er, der sie so tief gekannt, so unvergleichlich geschildert, sie persönlich, wo er auftrat, so bezaubert hat!

Unter allen weiblichen Wesen, die in des Dichters Jugendleben verflochten sind, spielt keins eine so bedeutsame Rolle, ist so dauerhaft in Intimität mit ihm als seine Schwester Cornelie. Nächst der Mutterliebe ist die der Schwester die uneigennützigste und reinste Form der Frauenzärtlichkeit, und Goethe besaß dieselbe im vollem Maße. Cornelie ist eigentlich der keusche Mond, welcher das strahlende Licht dieser Sonne beständig mit mildem Glanze widerspiegelt. Nur ein Jahr jünger als er, glich sie ihm so auffallend, daß sie oft für Zwillinge gehalten wurden; er selber sagt darüber:

> Sie war groß, wohl und zart gebaut und hatte etwas Natürlich-Würdiges in ihrem Betragen, das in eine angenehme Weichheit verschmolz. Die Züge ihres Gesichts, weder bedeutend noch schön, sprachen von einem Wesen, das weder mit sich einig war, noch werden konnte. Ihre Augen waren nicht die schönsten, die ich jemals sah, aber die tiefsten, hinter denen man am meisten erwartete, und wenn sie irgendeine Neigung, eine Liebe ausdrückten, einen Glanz hatten ohnegleichen; und doch war dieser Ausdruck eigentlich nicht zärtlich wie der, der aus dem Herzen kommt und zugleich etwas Sehnsüchtiges und Verlangendes mit sich führt; dieser Ausdruck kam aus der Seele, er war voll und reich, er schien nur geben zu wollen, nicht des Empfangens zu bedürfen.

Malt er da nicht auch seinen eigenen Blick?

> Was ihr Gesicht aber ganz eigentlich entstellte, sodaß sie manchmal wirklich häßlich aussehen konnte, war die Mode jener Zeit, welche nicht allein die Stirn entblößte, sondern auch alles that, um sie scheinbar oder wirklich, zufällig oder vorsätzlich zu vergrößern. Da sie nun die weiblichste, reingewölbteste Stirn hatte und dabei ein Paar starke schwarze Augenbraunen und vorliegende Augen, so entstand aus diesen Verhältnissen ein Contrast, der einen jeden Fremden für den ersten Augenblick, wo nicht abstieß, doch wenigstens nicht anzog.

Unsere Darstellung ist nach einer von ihm selbst entworfenen Zeichnung bearbeitet, deren Schülerhaftigkeit aber dennoch ein gewisses Gepräge von Wahrheit hat, sodaß der Künstler die obige Beschreibung nur zur Ergänzung zu benutzen brauchte; denn der Ausspruch, daß ihre Züge weder bedeutend, noch schön gewesen seien, trifft weder nach der Zeichnung zu, noch ist er bei ihrer großen Aehnlichkeit mit ihm recht denkbar. Ueberdies äußert er später von ihr:

> Ein fester, nicht leicht bezwinglicher Charakter, eine theilnehmende, Theilnahme bedürfende Seele, vorzügliche Geistesbildung, schöne Kenntnisse sowie Talente, einige Sprachen, eine gewandte Feder, sodaß wäre sie von außen begünstigt worden, sie unter den gesuchtesten Frauen ihrer Zeit würde gegolten haben.

Viel eher wollen wir der Versicherung glauben, daß Teint und Tracht sie manchmal unschön erscheinen ließen.

Die Verschiedenheit in den Charakteren mußte ihren Anschluß an den Bruder nur um so mehr befördern:

> Sie, nur ein Jahr jünger als ich, hatte mein ganzes bewußtes Leben mit mir herangelebt und sich dadurch mit mir aufs innigste verbunden —

sagt Goethe selber darüber und führt fort:

> Ihr Bedürfniß, sich mit mir zu unterhalten, ward noch durch die Sehnsucht geschärft, mit der sie mich in die Ferne begleitete. Und so wie in den ersten Jahren Spiel und Lernen, Wachsthum und Bildung den Geschwistern völlig gemein war, sodaß sie sich wol für Zwillinge halten konnten, so blieb auch unter ihnen diese Gemeinschaft.

Rührend ist der Ton der tiefen, warmen Zuneigung, welchen der sonst oft so kalt objective Mann annimmt, sobald er auf sie zu sprechen kommt:

> Da ich dieses geliebte, unbegreifliche Wesen nur zu bald verlor, fühlte ich genugsamen Anlaß, mir ihren Werth zu vergegenwärtigen .... nun bleibt mir nichts übrig, als den Schatten jenes seligen Geistes nur, wie durch Hülfe eines magischen Spiegels, auf einen Augenblick heranzurufen....
>
> Freilich, wenn ihr Aeußeres einigermaßen abstoßend war, so wirkte das Innere, das hindurchblickte, mehr ablehnend als anziehend; denn die Gegenwart einer jeden Würde weist den andern auf sich selbst zurück. Sie fühlte es lebhaft, sie verbarg mir's nicht, und ihre Neigung wendete sich desto kräftiger zu mir. Der Fall war eigen genug. So wie Vertraute, denen man ein Liebesverständniß offenbart, durch aufrichtige Theilnahme wirklich Mitliebende werden, ja zu Rivalen heranwachsen und die Neigung zuletzt wol auf sich selbst hinziehen, so war es mit uns Geschwistern; denn indem mein Verhältniß zu Gretchen zerriß, tröstete mich meine Schwester um desto ernstlicher....
>
> Da nun aber meine Schwester so liebebedürftig war als irgendein menschliches Wesen, so wendete sie nun ihre Neigung ganz auf mich. Ihre Sorge für meine Pflege und Unterhaltung verschlang alle ihre Zeit; ihre Gespielinnen, die von ihr beherrscht wurden, ohne daß sie daran dachte, mußten gleichfalls allerlei aussinnen, um mir gefällig und trostreich zu sein .... und sogar meine Wanderungen und Entfernungen mußten unser Band fester knüpfen, da ich mich von allem, was mir begegnete, brieflich mit ihr unterhielt, ihr jedes kleine Gedicht, wenn es auch nur ein Ausrufungszeichen gewesen wäre, sogleich mittheilte und ihr zunächst alle Briefe, die ich erhielt, und alle Antworten, die ich darauf ertheilte, sehen ließ.

Eine solche Mittheilung in der Hand finden wir sie denn dargestellt, den Inhalt genießend, wol auch kritisirend, denn diese Natur war durchaus nicht ohne kritische Gaben. Wir finden diese am meisten in ihren Briefen an den Bruder und einzelne Freundinnen, die uns Jahn aufbewahrt hat, wo wir sie von einer ganz andern Seite her kennen lernen, da sie bei aller Schärfe eines echt weiblichen Geistes doch ein so entschieden unbefriedigtes Gefühl zeigen, daß es einem oft unheimlich wird. Goethe sagt darüber später:

> Genug, sie fühlte sich allein, vielleicht vernachläßigt, und gab um so eher den redlichen Bemühungen eines Ehrenmannes Gehör.

Corneliens ferneres Loos ist nicht glücklich, und es ist das begreiflich genug. Gewöhnt an den Umgang mit dem genialen Bruder, mußte selbst ein so gediegener Mann, wie Schlosser es wirklich war, ihr trocken und ungenügend vorkommen. Mit der Trennung von dem geliebten Wolfgang war Glanz und Reichthum ihres Lebens dahin, ihre Sonne untergegangen. Sie starb früh.

F. A. Brockhaus Geogr.-artist. Anstalt Leipzig

Clavigo.

(Clavigo.)

Die meisten Menschen scheitern auf ihrer Lebensbahn, nicht weil sie eine falsche Richtung eingeschlagen, sondern weil sie die einmal eingeschlagene nicht consequent verfolgt haben. Ebenso ist es viel seltener eigentlich schlechter Wille, der das Unglück herbeibringt, sondern der schwache, schwankende.

Am häufigsten aber wiederholt sich die alte Fabel von dem irdenen Topf und dem eisernen, die miteinander spazieren gingen. Wie das dem irdenen das Leben kostete, so bringt die unstreitig so echte und wahre Freundschaft des Carlos doch dem Clavigo, der so wohlgemeinte brüderliche Schutz dennoch der liebenswürdigen Marie den Untergang, führt ihn wenigstens unmittelbar herbei.

Im tiefsten Grunde aber ist es allerdings auch wieder die Halbheit seines Wesens, die ihn bei Clavigo verschuldet. Er hat erst zu wenig und dann doch wieder zu viel Gewissen. Hofmann und Intriguant, ist er es zuletzt doch wieder nicht genug, für einen Gelehrten oder Schriftsteller aber zu viel: kurz, er ist eher eine Künstlernatur; von der regsten Phantasie, sanguinisch nervös, möchte er alles besitzen, alles ergreifen, um es aber auch bald wieder ebenso fahren zu lassen. Wenn Carlos von ihm sagt:

> Er ist in alle Fächer gerecht; als Archivarius kann er sich schnell die wichtigsten Kenntnisse erwerben, er wird sich nothwendig machen, und laßt eine Veränderung vorgehen, so ist er Minister —

so ist das allerdings wahr, aber es ist auch nur die eine Seite des Charakters. Er kann es allerdings so weit bringen, aber nur um bald zu stürzen, denn ihm fehlt die rücksichtslose Consequenz, diesem Ziele alles zu opfern. Er ist im Gegentheil so leicht umzustimmen, als man einen Glacéhandschuh umkehrt. Er nimmt jede beliebige Form an, aber nur um sie im nächsten Augenblick mit einer andern zu vertauschen. Wie straff er auch aussehen mag, er bleibt immer von weichem Stoff.

Sollen wir ihn nun darum verachten, wie das alle unsere schönen Leserinnen ohne weiteres thun werden, welche dann den Carlos ebenso regelmäßig glühend hassen?

Es läßt sich aber doch manches zu beider Gunsten anführen. Clavigo ist eitel ohne Zweifel, aber er ist auch eine durchweg liebenswürdige, tief humane Natur von großer Anhänglichkeit; ist die Eitelkeit sein erstes Motiv und läßt ihn zunächst an den Beifall denken:

> Das Blatt wird eine gute Wirkung thun, es muß alle Weiber bezaubern —

so ist doch gleich sein zweiter Gedanke auch:

> Ich liebte sie wahrlich, sie zog mich an, sie hielt mich, und wie ich zu ihren Füßen saß, schwur ich ihr, schwur ich mir, daß es ewig so sein sollte, daß ich der Ihrige sein wollte, sobald ich ein Amt hätte, einen Stand —

das heißt er kommt immer wieder auf sie, die er einst liebte, zurück. Wenn er später zu ihr sagt:

> Zu der Zeit, da mich Guilbert mit Freundlichkeit in sein Haus aufnahm, da ich ein armer unbedeutender Junge war, da ich in meinem Herzen eine unüberwindliche Leidenschaft für Sie fühlte, war's da Verdienst an mir? Oder war's nicht vielmehr innere Uebereinstimmung der Charaktere, geheime Zuneigung des Herzens, daß auch Sie für mich nicht unempfindlich blieben, daß ich nach einer Zeit mir schmeicheln konnte, dies Herz ganz zu besitzen?...
> Mitten in allem Taumel, durch allen verführerischen Gesang der Eitelkeit und des Stolzes, hab' ich mich immer jener seligen unbefangenen Tage erinnert, die ich in glücklicher Einschränkung zu Ihren Füßen zubrachte, da wir eine Reihe von blühenden Aussichten vor uns liegen sahen.... Du hättest mich ohne Worte verstanden, wie ich ohne Worte meine Vergebung erhalte. Nein, diese innige Verwandtschaft unserer Seelen ist nicht aufgehoben; nein, sie vernehmen einander noch wie ehemals —

so ist das noch immer vollständig wahr; die Liebe hat er noch, die Leidenschaft ist allerdings geflohen, diese war eben eine Blume in ihm, sie hat abgeblüht; aber kann man es ihm denn wirklich so zum Vorwurf machen, daß es Sommer in ihm geworden? Sein reiches, vielverbrauchendes Naturell hat das eben abgethan.

Ist diese feurige Empfänglichkeit, dieser Reichthum, das Schmeichlerische, Gewinnende, Enthusiastische seiner Natur den Frauen allerdings sehr gefährlich, so sind es doch wol überhaupt auch schöne menschliche Eigenschaften, ebenso seine unermüdliche Thätigkeit, seine glänzende, leichte Auffassung, die geistige Regsamkeit, die echte Liebe für alles Schöne. Ist Clavigo durch und durch human, so ist er es sicherlich nicht blos aus Schwäche. Ja selbst wenn er einmal bis zum schonungslosen Egoismus ehrgeizig ist, so will er doch nicht blos sich, will nicht allein steigen und glänzen, er will auch nützen.

Aber, wendet man uns ein, sein falsches, treuloses Wesen, seine Feigheit, sind die nicht genug, ihn zu verurtheilen? Ohne Zweifel wären sie es, wenn er sie hätte; aber das ist es eben, was wir bestreiten. Er ist nicht falsch und treulos mit Absicht; sagt er doch von sich selbst:

> Es ist wunderbar, ein Mensch, der sich über so vieles hinaussetzt, wird doch an einer Ecke mit Zwirnsfäden angebunden. Und wär' ich Marien mehr schuldig als mir selbst? Und ist's eine Pflicht mich unglücklich zu machen, weil mich ein Mädchen liebt?

Er sucht die Sache beständig vor sich selbst zu rechtfertigen, wird nie damit fertig; er hat also bei alledem ein sehr lebhaftes Gewissen, was um so achtbarer ist, als uns alle seine Anstrengungen, sein ganzes sanguinisches Wesen zeigen, daß er immer ganz bei dem ist, was er gerade thut, also leichter als andere das Vergangene vergessen muß. Wenn er ferner dem Bruder viel zu weitgehende Concessionen macht, so thut er es denn doch mit vollkommener Ueberzeugung; er findet im Augenblick wirklich, wie sehr er selbst unrecht hat, und darum bekennt er es. Ein feiger Mensch würde bei Mariens Tode der Leiche aus dem Wege gegangen sein; er, wie stets der Stimmung des Augenblicks hingegeben, stürzt auf sie zu, dem Degen des Bruders entgegen:

> Verbergt euch, Sterne, schaut nicht hernieder, ihr, die ihr so oft den Missethäter saht in dem Gefühl des innigsten Glücks diese Schwelle verlassen, durch eben diese Straße mit Saitenspiel und Gesang in goldenen Phantasien hinschweben, und sein am heimlichen Gitter lauschendes Mädchen mit wonnevollen Erwartungen entzünden! Und du füllst nun das Haus mit Wehklagen und Jammer! und diesen Schauplatz deines Glücks mit Grabgesang!

Und da er durch ihn gefallen, so ist sterbend seine einzige Sorge, diesen Bruder zu retten. Das ist doch wol der Zug eines ursprünglich braven und edelmüthigen Charakters.

Der Künstler wird also wol zu rechtfertigen sein, wenn er dem Archivarius durchweg edle Züge lieh, als er ihn in der ersten Scene des Stücks darstellte, da er sich eben vornimmt, der Schöpfer des guten Geschmacks bei seinen Landsleuten zu werden. Er hat aus ihm gemacht, was man einen beau garçon nennt: weich, sinnlich, geistreich, nicht ohne List, anziehend und bis zur Trunkenheit fesselnd, elegant und vornehm und sich sehr glücklich im Luxus fühlend wie ein Parvenu, nicht gleichgültig dagegen wie der Mann von Geburt.

Der wirkliche Clavigo war allerdings ein ganz anderer als der, den uns Goethe schildert, und noch weniger scheinen Beaumarchais und seine Schwester denen nachgebildet zu sein, wie sie in der Wirklichkeit existirten. In dieser soll Clavigo im Gegentheil sehr im Recht gewesen sein sich zu trennen, ebenso war sein Duell mit Beaumarchais für ihn, nicht für den letztern, mit lange dauernden übeln Folgen verknüpft, die indeß nicht hinderten, daß der humane und liebenswürdige Gelehrte noch oft mit großer Heiterkeit von der mislichen Unsterblichkeit sprach, die er in Deutschland durch Goethe erlangt hatte, der ihn dreißig Jahre früher die Welt verlassen ließ, als er es selber für gut fand.

Clavigo.

Marie Beaumarchais

F. A. Brockhaus' Geogr.-artist. Anstalt

Marie Beaumarchais.

(Clavigo.)

„Als noch das liebliche muntere Geschöpf auf dich Einfluß hatte, gefiel mir deine Schrift besser“, sagt Carlos zum Clavigo und malt uns mit den beiden Worten die ganze anmuthige Erscheinung der „kleinen trippelnden Französin“, deren Bild Goethe mit so unvergleichlichem, tiefrührendem Reize uns vorzuführen verstanden hat.

Vielleicht preßt uns gerade dies das Herz am meisten zusammen, daß sie eben nicht großartig, bedeutend, glänzend durch Geist, innere oder äußere Vorzüge, daß sie nichts als eine kleine duftige Blume ist, die der Zufall an den engen Weg gepflanzt, wo sie der Fuß des raschen Wanderers zu steiler Höhe beinahe mit Nothwendigkeit zertreten muß.

Ist Marie in keiner Weise bedeutend, so ist sie in jeder anziehend und interessant. Nicht das, was sie sagt und thut, gefällt so sehr an ihr, sondern die graziöse Art, wie sie es thut. Was gäbe es Rührenderes, als wenn sie äußert:

> Mich dünkt auch, ich hätte keine Thränen mehr! Und warum Thränen? Es ist mir nur leid, daß ich euch das Leben sauer mache. Denn im Grunde, worüber beklag' ich mich? Ich habe viel Freude gehabt, so lang' unser alter Freund noch lebte. Clavigo's Liebe hat mir viel Freude gemacht, vielleicht mehr als ihm die meinige. Und nun — was ist's nun weiter? Was ist an mir gelegen?

Wie charakteristisch frauenhaft und französisch ist es, wenn sie ewig abspringt von einem Gegenstand auf den andern und ewig wieder zurückkommt auf den, der sie eigentlich allein beschäftigt:

> Ob's ihm wol einerlei ist — daß er mich nicht mehr liebt? Ach! warum bin ich nicht mehr liebenswürdig? — Aber bedauern, bedauern sollt' er mich!...

Ich sah ihn, wie er zu den Füßen seiner neuen Geliebten alle die Freundlichkeit, alle die Demuth verschwendete, mit der er mich vergiftet hat — ich zielte nach dem Herzen des Verräthers! Ach Buenco! Auf einmal war das gutherzige französische Mädchen wieder da, das keine Liebestränke kennt und keine Dolche zur Rache....

Nun und warum soll ich Clavigo nicht laufen lassen? Wenn das in Frankreich Mode ist, warum soll's nicht in Spanien sein? Warum soll eine Französin in Spanien nicht Französin sein? Wir wollen ihn laufen lassen und uns einen andern nehmen; mich dünkt, sie machen's bei uns auch so.

Wie reizend macht es sich, wenn sie gleich nach der Aussöhnung mit Clavigo an ihren Staat denkt und sagt:

Ich lache über mich selbst. Wir Mädchen sind doch eine wunderliche Nation; kaum heben wir den Kopf nur ein wenig wieder, so ist gleich Putz und Band, was uns beschäftigt.

In dieser Situation ist sie vom Künstler aufgefaßt, der hier nicht nur die anmuthige Erscheinung, sondern auch das echt Französische an derselben wiederzugeben suchte; denn französisch ist sie durch und durch mit ihrem reizenden Geplauder:

Wie er noch Clavigo war, noch nicht Archivarius des Königs, wie er der Fremdling, der Ankömmling, der Neueingeführte in unserm Hause war, wie liebenswürdig war er, wie gut! Wie schien all sein Ehrgeiz, all sein Aufstreben ein Kind seiner Liebe zu sein! Für mich rang er nach Namen, Stand, Gütern: er hat's! und ich!

Was uns aber am meisten rührt, ist das fieberische Pulsiren des Bluts, die tödliche Krankheit, die an ihrem jungen Leben nagt, welche Goethe mit so unnachahmlicher Meisterschaft in jedem Wort, das sie sagt, zu malen verstanden hat. Oder meinen wir nicht das arme Herz klopfen zu hören, wenn sie sagt:

Ich bin ein närrisches unglückliches Mädchen. Schmerz und Freude haben mit all ihrer Gewalt mein armes Leben untergraben. Ich sage dir, es ist nur halbe Freude, daß ich ihn wiederhabe. Ich werde das Glück wenig genießen, das mich in seinen Armen erwartet; vielleicht gar nicht —

wenn sie jeden Augenblick verzagt, um im nächsten wieder Hoffnung zu schöpfen:

Hoffnung! O der süße einzige Balsam des Lebens bezaubert oft meine Seele. Muthige jugendliche Träume schweben vor mir, und begleiten die geliebte Gestalt des Unvergleichlichen, der nun wieder der Meine wird. O Sophie, wie reizend ist er! Seit ich ihn nicht sah, hat er — ich weiß nicht, wie ich's ausdrücken soll — es haben sich alle großen Eigenschaften, die ehemals in seiner Bescheidenheit verborgen lagen, entwickelt. Er ist ein Mann geworden und muß mit diesem reinen Gefühle seiner selbst, mit dem er auftritt, das so ganz ohne Stolz, ohne Eitelkeit ist, er muß alle Herzen wegreißen. — Und er soll der Meinige werden? — Nein, Schwester, ich war seiner nicht werth. — Und jetzt bin ich's viel weniger!

Wie malt sich in diesen Worten die grenzenlose Hingebung, das feine Verständniß für den Mann ihrer Liebe, die richtige Ahnung, daß er im Grunde doch zu bedeutend ist, als daß sie ihn trotz aller echten Liebe, die er ohne Zweifel auch für sie hat, in die Länge wirklich ausfüllen könnte, der aber eben seiner Ueberlegenheit halber um so bezaubernder auf sie wirken muß.

Wird uns Marie lieb, so wird sie es wie ein Vögelchen, das schmetternd immer das Lied seiner Liebe schlägt, bis ihm die Brust zerspringt. Man scheidet von ihr mit jenem tiefen Mitleid, das uns die grausame Gleichgültigkeit der Natur so oft einflößt, mit der sie das Lieblichste, Schönste, Anmuthigste unerbittlich wie das Werthloseste zu Grunde gehen, seinem Verhängniß mit derselben Sicherheit verfallen läßt, die unser Gefühl empört, ohne daß doch unser Verstand gegen die Nothwendigkeit dieses Vergehens irgendwie etwas Haltbares einzuwenden fände. Gestern noch war zauberisch duftiger Frühling, heute versengt uns die Schwüle des Sommers, trifft der zündende Strahl, morgen fällt welk und starr ab, was eben noch rosig geblüht!

Uebt Mariens Bild solchen Zauber auf uns aus, ohne daß sie doch irgendwie durch glänzende Eigenschaften zu fesseln vermöchte, so haben wir aber das Geheimniß ihrer Anziehungskraft nicht nur in der Dornenkrone des Unglücks allein zu suchen, die ihr das harte Geschick so schmerzlich um die reine schuldlose Stirn gewunden, auch nicht in ihres Wesens kindlicher, liebenswürdig spielender Grazie, sondern vorzüglich mit in dem seelenvollen Ausdruck, den der Dichter über ihr ganzes Wesen ausgebreitet. Wer könnte da unergriffen bleiben, wenn Jugend, Schönheit, Liebenswürdigkeit vor unsern Augen dem Tode geweiht erscheinen, wenn die herbste Kränkung sich mit dem unheilbaren Uebel vereint, um das Opfer ins Grab zu führen, und man doch von allem Anfang an sich sagen muß, daß es nicht anders kommen kann, daß es in jedem Falle dieser Art so kommen muß.

Es ist nichts natürlicher, als daß unser Mitleid mit Marie sich in Haß gegen Clavigo verkehrt und man ihm unrecht thut, daß man vergißt, wie der Dichter uns doch keinen Zweifel darüber gelassen hat, daß sie auch ohne seine Untreue dem unheilbaren Uebel hätte erliegen müssen. Das Tragische liegt hier im Unabwendbaren des Schicksals, nicht in der Schuld der Personen, so wenig diese auch abgeleugnet oder mehr entschuldigt werden soll, als es durch Carlos ohnehin am überzeugendsten geschieht.

Marie Beaumarchais.

Graf Egmont.

F. A. Brockhaus' Geogr.-artist. Anstalt, Leipzig

Graf Egmont.

(Egmont.)

Wenn die Poesie bekannte historisch bestimmte Figuren umschaffen will nach ihrem subjectiven Ermessen, so begegnet ihr es häufig, daß sie weniger poetisch wird als die Geschichte.

So ist es, nach unserer Anschauung zum mindesten, Goethe auch mit seinem Egmont gegangen, der dem historischen an Interesse eigentlich nachsteht, liebenswürdiger ist als er, aber sicherlich weniger tragisch.

Es ist ein mit dem eigensten Wesen unsers Dichters aufs tiefste zusammenhängender Zug, daß seine meisten Männer eigentlich nichts thun, sondern blos leiden. Mit Ausnahme des Faust und Götz lassen sie alle die Dinge an sich herankommen, sich über den Kopf wachsen, ohne ihnen einen festen Willen, einen bestimmten Plan entgegenzusetzen, sodaß dann das Schicksal aus dem Conflict dieser beiden Mächte entsteht. Der Dichter zeichnet uns ihr Bild mit einer wunderbaren Meisterschaft, mit einer täuschenden Lebenswahrheit; aber sie verändern sich nicht, sie bleiben dieselben von Anfang bis zu Ende. Wir erhalten ein herrliches Porträt, aber kein historisches Bild, eben weil wir den Helden sich nicht entwickeln, ihn nicht am Ende des Stücks als einen andern sehen, als der er zu Anfang war. Goethe ist daher kein so eminent dramatischer Dichter, als es Schiller war, er ist eine mehr lyrische Natur, seine Charaktere entspringen meist einer Stimmung, einer Anschauung und halten sie fest; das ganze Stück ist mehr eine Reihe von Situationen, und die Handlung geht fast immer in ihren Intervallen vor. Es hängt das, wie gesagt, mit dem Wesen des Dichters selbst zusammen, der auch die Dinge mehr an sich herankommen ließ, als daß er sie zu bestimmen gesucht hätte.

Das Schicksal hatte ihn verwöhnt, indem es ihm die goldenen Aepfel freiwillig in den Schos schüttete, sodaß er alle Willenskraft auf seine innere Ausbildung verwenden und das Uebrige ruhig seinen Gang gehen lassen konnte. Auf diese Weise entstehen wol große Künstler, aber keine dramatischen Helden, Männer des Gedankens, nicht der That, liebenswürdige Naturen, die aber den kämpfenden Mächten des Lebens leicht erliegen und dabei unser Mitleid öfter als unsere Bewunderung erregen. Diese schenkt man blos dem heldenmüthigen Kämpfer, er überwindet uns auch, wenn er besiegt wird, der Anblick seines kraftvollen Ringens, seiner Tapferkeit erhebt unsere Seele.

Der Dichter des „Egmont" hat dies genug gefühlt, um seinem Helden wenigstens die letztere Eigenschaft als Grundlage des Charakters zu geben und durch Schilderung derselben ihn einzuführen.

Alle Welt spricht davon, ist von seinem Heldenruhme erfüllt; wir hören von ihm überall, ehe wir ihn sehen, seine ritterliche und glänzende Erscheinung beschäftigt die Phantasie des Volks, sein Name ist auf jedermanns Lippen. „Er schießt wie sein Herr, er schießt wie Egmont", sagt man; er ist Ueberwinder von St.-Quentin, er ist der Held von Gravelingen, den Frieden ist man ihm schuldig, dem großen Egmont schuldig. Er weiß zu leben und leben zu lassen:

> In unserer Provinz singen wir was wir wollen. Das macht daß Graf Egmont unser Statthalter ist; der fragt nach so etwas nicht —

er ist duldsam und fröhlich, auf allen Gassen sieht man ihn, immer denkt man an ihn. Die Regentin klagt zwar über seine Gleichgültigkeit und seinen Leichtsinn, beschwert sich, daß er das Haupt so hoch trage, als wenn die Welt ihm gehörte, er schade der Regierung und nütze sich nicht. Aber sie hört ihn offenbar noch lieber vertheidigen, als sie ihn anklagt, seine Offenheit, seinen glücklichen Blick vorschützen, wie die Augen des Volks nach ihm gerichtet seien, die Herzen an ihm hängen. So lernen wir ihn kennen, ehe wir ihn nur gesehen, als Abgott des Volks und vor allem der Frauen.

Endlich tritt er selbst auf und bezeichnet sein Erscheinen durch Beruhigung der aufgeregten Gemüther.

> Was an euch ist Ruhe zu erhalten, Leute, das thut; ihr seid übel genug angeschrieben.

Das ist eine Weise, die persönlich für ihn gewinnt, aber in der Zeit der Noth ihm schwerlich nützen kann. Wir sehen ihn dann mit seinen Untergebenen, gütig, menschlich, nachsichtig und großsinnig; hochherzig wie ein echter Held, der er auch ist, wenn ihm auch die tiefe Leidenschaft eines solchen abgeht; ein wenig Verschwender, sorglos um seine eigene Sicherheit:

> Soll ich den gegenwärtigen Augenblick nicht genießen, damit ich des folgenden gewiß sei? Und diesen wieder mit Sorgen und Grillen verzehren? ...

Er ist auch ganz und gar nicht ohne Ehrgeiz, hat auch seinen kleinen Hinterhalt:

> Ich stehe hoch, und kann und muß noch höher steigen; ich fühle mir Hoffnung, Muth und Kraft. Noch hab' ich meines Wachsthums Gipfel nicht erreicht.... Soll ich fallen, so mag ein Donnerschlag, ein Sturmwind, ja selbst ein verfehlter Schritt mich abwärts in die Tiefe stürzen.

Sein Fatalismus verläßt ihn keinen Augenblick, er will gewinnen wie ein Spieler, nicht wie ein Rechner. — Und doch ist er geistreich, schnell und scharf fassend, kennt Menschen und Dinge genau, um das Richtige zu sehen, wie wir aus seinen Gesprächen mit Oranien, Clärchen und in der Zusammenkunft mit Alba sehen, der er aber trotz alledem mit offenen Augen wie ein Blinder entgegengeht, um dort sehr klug zu reden, nachdem er arglos in die Falle gegangen, sei es nun, um die Lage zu zeichnen:

> Und ist der gute Wille eines Volks nicht das sicherste, das edelste Pfand?. —

oder die Plane des Despotismus zu charakterisiren:

> Es sei des Königs Absicht weniger die Provinzen nach einförmigen und klaren Gesetzen zu regieren, die Majestät der Religion zu sichern, und einen allgemeinen Frieden seinem Volke zu geben, als vielmehr sie unbedingt zu unterjochen....

oder seine Landsleute zu beurtheilen:

> Schwer ist's ihr Zutrauen zu verdienen; leicht zu erhalten. Starr und fest! Zu drücken sind sie; nicht zu unterdrücken.

Graf Egmont.

Trotzdem verleitet seine natürliche Gutmüthigkeit ihn sogar noch, Versöhnung mit einer Gewalt zu hoffen, die er doch eben als so verblendet geschildert und der er in diesem Augenblicke verfällt.

Es braucht kaum eine weitere Auseinandersetzung, wie wir ihn bis zu dieser Katastrophe, also bis zum Ende des vierten Actes, zwar als Helden schildern, als offenen, großsinnigen, edelmüthigen, einsichtsvollen Menschen sprechen gehört, aber noch nicht im geringsten handeln gesehen haben, wenn man nicht die Vertheidigung seiner Landsleute im Zwiegespräch mit Alba für eine That nehmen will. Auch da ihn die Ahnung des Geschicks, das ihn ereilt, durchschauert:

> Was erschüttert den festen treuen Sinn? Ich fühl's, es ist der Klang der Mordaxt, die an meiner Wurzel nascht.

bleibt er so, wie er war, und hält den letzten Hoffnungsstrahl auf die Befreiung durch seine Freunde fest:

> O ja, sie rühren sich zu Tausenden! sie kommen! stehen mir zur Seite! ... Und steigt zu meiner Rettung nicht ein Engel nieder; so seh' ich sie nach Lanz' und Schwertern greifen.

Erst da auch er verschwindet, sehen wir ihn als Held die Schauer des Todes bezwingen und, ein wenig spät, zum Bewußtsein seiner Sendung kommen:

> Schützt eure Güter! Und euer Liebstes zu erretten, fallt freudig wie ich euch ein Beispiel gebe.... Ich sterbe für die Freiheit, für die ich lebte und focht, und der ich mich jetzt leidend opfere —

aber selbst da noch spricht er die fatalistische Ansicht aus, die dem Dichter so eigen ist:

> Es glaubt der Mensch sein Leben zu leiten, sich selbst zu führen; und sein Innerstes wird unwiderstehlich nach seinem Schicksal gezogen.

Am liebenswürdigsten erscheint uns Egmont in seinem Verhältnisse zu Clärchen, hingebend heiter sich in ihrer Zärtlichkeit ausruhend, wie ihn der Künstler zeigt, ihrem Geplauder lauschend und sich ihre Bewunderung der Pracht seines spanischen Costüms gutmüthig gefallen lassend. Er zeigt sich uns hier ganz in der Eigenschaft, die ihn uns trotz aller seiner Schwächen so lieb macht — der schönen reinen Menschlichkeit.

Lucie.

(Stella.)

So viele und reizende Frauencharaktere auch Goethe gezeichnet, so kommt doch unter sämmtlichen nur ein einziges Exemplar jener liebenswürdigen Gattung vor, die man im gemeinen Leben höchst ungalant Backfische zu nennen pflegt. Es ist unsere Lucie. Sie ist aber dafür auch das anmuthigste und drolligste Musterbild dieser Klasse geworden, das jemals eine ziemlich langweilige Gesellschaft, wie sie sich in „Stella" zusammenfindet, durch seine sorgenlose Naseweisheit, durch seine unvergleichliche Frische schmackhafter gemacht hat. Und wahrlich, es war keine kleine Aufgabe, einen so faden Bissen wie Fernando, oder ein so wässeriges Gemüse wie Madame Sommer durch solche Beigabe auch nur einigermaßen genießbar zu machen. Man könnte es ein poetisches Meisterstück im Stile französischer Kochkunst nennen, wo die Hors d'oeuvre auch gewöhnlich besser sind als die Hauptgerichte.

Wir wissen nicht, wo der tiefsinnige Name Backfisch sich herschreibt; wenn er nicht etwa bezeichnen soll, daß dieser Fisch noch nicht ausgebacken sei, so will er vielleicht sagen, daß er noch keine Gräten habe und ohne besondere Vorsicht genossen werden könne, oder daß er seines unvollendeten Wachsthums halber noch nicht der Ehre gewürdigt werden könne, durch den Essig der Ehe gebeizt zu werden, oder was man sich nur immer für Conjuncturen über diese geheimnißvolle etymologische Symbolik hingeben mag, die alle darauf hinauslaufen, daß man etwas Unfertiges vor sich habe!

Und doch kommt sich Fräulein Lucie so fertig vor, ist so mit sich und der ganzen Welt vollkommen im Reinen! Glückliche Jugend, die nie im Zweifel ist und sich um so mehr über alles im Klaren glaubt, je mehr sie blos dem dunkeln Triebe, der blitzschnellen Eingebung des Naturells, des Moments gehorcht!

Wir lernen das geschäftige Fräulein zuerst in der Situation kennen, in der sie der Künstler gleich darstellt, wie sie, bepackt mit den vielfältigen Schachteln, Säcken und Beuteln, die nun einmal die unerlaßlichen Begleiter aller reisenden Damen sind, sich in dem übt, was die schöne eigentlich noch lieber thut als die weniger verführerische Hälfte der Menschheit, im Commandiren. Wenn sie aber dem Postillon sagt:

> Laß Er's nur, es ist nicht schwer; aber nehm' Er meiner Mutter die Schachtel ab —

so greift sie doch auch selber mit an, zeigt eine rasche, thätige Natur, und wenn ihr die Mutter vorwirft:

> Daß du dein Befehlen nicht lassen kannst! Du hättest, dünkt mich, die Reise über schon klug werden können! Wir haben immer mehr bezahlt als verzehrt und in unsern Umständen —

so erfahren wir bald, daß sie eine Eigenschaft besitzt, die in den bedrängten Umständen, in denen sie aufgewachsen, doppelt achtbar ist, die Freigebigkeit. Das ist eigentlich keine Dameneigenschaft und ihr mit der fröhlichen Sorglosigkeit wahrscheinlich vom leichtsinnigen vornehmen Vater vererbt, wenn sie antwortet:

> Sie sagen immer, Mama, ich sei eigensinnig; wenigstens eigennützig bin ich nicht.

Sie ist überhaupt in ihrem rastlosen Wesen ein echtes Soldatenkind, stellt sich gleich zu jedem, ist offen bis zu jener artigen Indiscretion, die einem naiven schönen Geschöpfe so wohl steht. So meint sie gleich, da sie mit Fernando allein essen soll und gefragt wird, ob sie sich nicht fürchte:

> Nicht im geringsten. Mit Soldaten hab' ich lieber zu thun als mit andern. Sie verstellen sich wenigstens nicht, daß man die Guten und Bösen gleich das erste mal kennt.

Ist man jung, so gehört einem die ganze Welt; jedes Jahr raubt aber eine Provinz, bis wir zuletzt uns mit einem sehr engen Gebiete begnügen lernen. So disponirt denn auch Lucie ganz unbesorgt noch über alles, was ihr nicht gehört; sie hat noch den ganzen Egoismus der Jugend. Sagt sie doch, wenn sie von Stella hört:

Lucie.

> Ich wünsche, daß sie mir gefallen möge. Denn wenn ich mich einmal nach jemand richten soll, so muß Herz und Wille dabei sein, sonst geht's nicht.

Eigentlich geberdet sie sich fast, als träte Stella bei ihr in Dienst, wenn sie von ihr zurückkehrend drollig verkündet:

> Ein liebes Weibchen, mit der ich mich vertragen werde.

Kurz, Madame Sommer und die Posthalterin haben sehr recht, wenn die erste meint:

> Meine Tochter ist noch ein bischen obenaus —

und die andre entgegnet:

> Das thut die Jugend. Werden sich schon legen, die stolzen Wellen —

und überdies noch wohlwollend anderwärts von ihr sagt, sie sei „sehr jung und schnippisch". Es wird uns schwer werden, sie in diesem Punkte zu widerlegen, wenn wir die Unterhaltung, die sie mit dem Fremden bei Tische führt, weiter anhören, wie sie ihn anfährt:

> Ihr Herren dünkt euch unentbehrlich; und ich weiß nicht, ich bin doch groß geworden ohne Männer.

Aber es erfreut uns auch überall ihr Muth und die frohe Zuversicht eines reinen Herzens, besonders aber die Liebe, die Sorgfalt, die Theilnahme, die sie bei jeder Gelegenheit für ihre Mutter äußert, wenn sie auf Vater und Mutter kommend fortfährt:

> Ich dank's meinem Vater, daß er mich auf die Welt gesetzt hat, denn ich lebe gern und vergnügt; aber sie — die alle Hoffnung des Lebens auf ihn gesetzt, ihm den Flor ihrer Jugend aufgeopfert hatte, und nun verlassen, auf einmal verlassen — Das muß was Entsetzliches sein, sich verlassen zu fühlen! — Ich habe noch nichts verloren; ich kann nichts davon reden.

Stella zeichnet unsere Lucie in zwei Worten am besten, wenn sie von ihr sagt:

> Das kleine Trotzköpfchen, die gute freie Seele.

Wie leid thut es einem, das liebe, unbefangene, harmlose Geschöpf in die widrige Geschichte verwickelt zu sehen, die sich da im Stücke vor uns abspielt, und in welcher ihr eigener

Vater, zu dem jedes Kind mit Verehrung und Liebe sollte aufblicken können, vor ihren Augen eine so erbärmliche Rolle spielt. Sie gehorcht daher in der Geradheit ihres Wesens nur dem natürlichsten Triebe, wenn sie thätig und entschlossen, wie sie sich auch in der furchtbaren Katastrophe des Schlusses zeigt, dennoch ihre Theilnahme nicht dem Vater, sondern Stella zuwendet, ihr sagt:

Ich verlasse dich nicht, ich bleibe bei dir.

Sie muß erst von Stella an die Pflicht, die sie ihm schuldet, erinnert werden, geht auch da noch ungern, und wahrlich, sie hat recht; welche Neigung sollte sie auch für den fühlen können, der ihr nichts gewesen, der blos mit einer abscheulichen Erinnerung die Existenz des blühenden, fröhlichen Kindes für das ganze übrige Leben vergiftet, in welches wir sie so harmlos, frisch und muthig zu unserer Freude eintreten sahen.

Franz von Sickingen.

F. A. Brockhaus' Geogr.-artist. Anstalt Leipzig

Franz von Sickingen.
(Götz von Berlichingen.)

In Götz sehen wir das mittelalterliche deutsche Ritterthum personificirt, wie es mit seiner Tradition dreister Selbsthülfe im Kampfe gegen eine neue Zeit und ihr berechtigtes Streben nach gesetzlicher Ordnung trotz aller größern persönlichen Tüchtigkeit zu Grunde gehen muß, wenn es endlich mit dieser Herrschaft des Gesetzes auch nur annähernd einiger Ernst werden soll; Götz selbst ist darum eine durchaus tragische Figur, weil er sich mit seinen Begriffen nirgends in diese neue Zeit einzufügen weiß, obwol er doch wie sie die Herrschaft des Rechts will, und in diesem vereinzelten Gegensatz also nothwendig untergeht.

Bei seinem Schwager Sickingen ist der Fall bei weitem nicht so einfach. Dieser hat die neue Zeit wohl begriffen, er ist viel mehr Staatsmann und Politiker als simpler Rittersmann wie Götz, er ist ein Ehrgeiziger, der in diesem Kampfe des Alten mit dem Neuen sich selbst mit dreister Faust emporschwingen will, indem er sich zum Vertreter der Interessen eines ganzen Standes aufwirft, der wol noch eine große Zukunft hätte, wenn er ihm folgte. In unserm Stücke, in welchem Sickingen nur eine Nebenfigur sein konnte, ist es freilich nur leicht, aber doch sehr bestimmt angedeutet, daß er der intellectuelle Führer in dem Kampfe der Ritterschaft mit der Fürstengewalt ist, als dessen einfachster und ansprechendster Repräsentant uns Götz aufgeführt wird.

Ist dieser also vor allem schlicht und brav, so tritt bei

Sickingen überall das stolze, männliche Selbstbewußtsein seiner geistigen Ueberlegenheit bei gleicher männlicher Tugend hervor. Götz ist mehr Soldat als er, Streithahn, der vor allen Dingen gern selber dreinschlägt; Sickingen ist durchaus Feldherr, er schickt blos seine Reiter. Das Gebieterische, Ehrgeizige, Umgreifende in seiner Natur verleugnet sich keinen Augenblick. Das Gefühl der Ueberlegenheit gibt ihm eine Sicherheit des Auftretens, die besonders bei seiner Werbung um Maria mächtig gegen den sentimentalen Weislingen absticht und ihn ruhig sagen läßt:

> Traust du mir nicht zu, daß ich den Schatten eines Elenden sollte verjagen können?

Ein schwächerer Mann würde Anstoß daran genommen haben, daß Maria „sitzen geblieben" ist; er aber sagt:

> Es macht euch beiden Ehre, von ihm betrogen worden zu sein —

und zeigt damit nicht nur eine große Denkart, sondern auch das sichere Bewußtsein, daß in der Summe ihrer künftigen Bedeutung er die Ziffer ist und Maria immer nur die Null, wenn sie auch sein Glück ums Zehnfache zu steigern vermag. Indeß ein klein wenig scheint ihm doch warm geworden zu sein, als er seinen Antrag anbrachte; denn wenn er auch keinem Zweifel über dessen Erfolg Raum gibt, so sagt er doch in der Erinnerung an den schönen Weislingen:

> Gott sei Dank, daß ich mich stellen darf.

In dieser Scene, wie er seine Werbung vorbringt, hat ihn der Künstler abgebildet und sich dabei an das einzige authentisch scheinende Bildniß, das von Sickingen existirt, einen ziemlich gleichzeitigen Kupferstich, gehalten, da die untersetzten, kraftvollen, trotzigen Formen desselben wie der schlaue, kühne Blick, das starke Selbstbewußtsein in der Unterlippe, das entschlossene Kinn, die raubthierartigen Kinnbacken ganz zu der Figur passen, wie sie Goethe mit dem richtigen Blick, dem feinen Instincte des Künstlers für das Naturwahre aufgefaßt, so dürftig auch die historischen Quellen waren, die ihm damals über diesen Stolz der fränkischen Ritterschaft zu Gebote standen. Vielleicht, ja wahrscheinlich kannte er den Stich und begriff von ihm aus den Charakter; ist uns doch bei dem ganzen Stück so oft zu Muthe, als ob er das herrliche, naturwahre Colorit desselben in seiner ganzen Frische und Unmittelbarkeit den Dürer'schen und Holbein'schen Bildern jener Zeit entnommen hätte, die er ja von Dresden und der ganz mit ihnen angefüllten Rheingegend her genugsam kannte, und die viel mehr zu ihrem Verständniß in ihm beigetragen, seine Auffassung derselben fixirt zu haben scheinen als die dürftigen und holperigen schriftlichen Aufzeichnungen. Denn man darf nicht vergessen, daß die damalige Literatur ebenso wenig einen Dichter von gleichem Werth wie Dürer und Holbein hervorgebracht hat, als unsere heutige deutsche Malerei bisjetzt etwas Goethe oder Schiller Ebenbürtiges selbst in ihren bedeutendsten Trägern zu erreichen vermochte.

Ob übrigens sein stolzes Selbstvertrauen Sickingen nicht doch ein wenig getäuscht hat bei seiner Werbung um Maria, das läßt der Dichter im Ungewissen; wir erfahren nur, daß er ihre Hand erobert: ob auch das Herz, das für Größe eigentlich wenig Empfänglichkeit hat, das bleibt mehr als zweifelhaft, und der Umstand, daß sie bei Weiolingen in seiner Todesstunde ausharren will, spricht kaum dafür, so gewiß auch der Edelmuth seinen Antheil daran hat und der Umstand, daß bei den Frauen die Gewalt des Moments noch größer ist als bei uns Männern. Es ist einmal ein wunderliches Ding, dieses Frauenherz, und bestimmt sich am allerwenigsten durch Vernunftgründe. Es bleibt da hängen, wo es zu leiden hatte, und nicht da, wo es ruhig geschätzt und gefördert wird; es will geblendet, nicht überzeugt sein; es liebt die Illusion, nicht die Wirklichkeit; vor allen Dingen aber will es beschäftigt sein. Und daß der ehrgeizige, in hundert Pläne verwickelte Sickingen seine Frau zur Vertrauten derselben gemacht und damit ihre leidenschaftliche Theilnahme für dieselben wie für sich gewonnen habe, dagegen spricht ihre ganze Art, die in ihrer Enge und Entfremdung von allem Ehrgeiz ihm wenig geeignet zur Mitwirkung oder nur zum Verständniß erscheinen konnte. Ohnedies wußte er wohl, daß man das, was man verschwiegen haben will, nicht erst selbst ausplaudern soll. Auch hält ihn davon wol noch ebenso sehr ihr ruhiges, sanftes Wesen, das er nicht ängstigen wollte, ihre Sehnsucht nach stillem, friedlichem Glück ab; denn die Familie ist ihr alles, die Welt nichts. Für Maria wie für die meisten Frauen gibt es keine großen Interessen, nur gleichgültige oder nahestehende Personen; wenigstens muß ihnen durchgängig das Verständniß für jene erst durch diese vermittelt werden, und daß Maria kaum mit einem Worte der Thätigkeit ihres Mannes gedenkt, spricht nicht für den Antheil, den sie an derselben wie an seinem ganzen Schicksal nimmt, oder doch wenigstens nicht dafür, daß er ihr für beide den Sinn aufgeschlossen.

Wie gleich beim Erstlingswerke unsers Dichters sich der mehr epische als dramatische Charakter der Goethe'schen Poesie so entschieden ausspricht, die uns immer mit wenigen Meisterstrichen einen mit ungewöhnlicher Lebenskraft ausgestatteten Charakter fix und fertig hinzuzeichnen weiß, aber diesem Charakter keine eigentliche Entwickelung im Stücke gibt, so liegt die große Anziehungskraft, die dasselbe heute noch ausübt, sicherlich nicht nur an der frappanten Lebendigkeit der Charaktere für sich, die wie alles Porträtartige so sehr fesseln, sie liegt auch in den feinen Gegensätzen, die unter ihnen bestehen. Oder sind die drei Frauen im „Götz", er selber, Sickingen und Weislingen endlich nicht wie gemacht, um die Eigenthümlichkeit eines jeden nur um so schärfer durch die des andern hervortreten zu lassen?

[illegible] gewiß für jene erst durch [illegible] kaum mit einem Worte [illegible], freilich nicht für den [illegible] ganzen Schicksal [illegible], daß er ihr für beide

[illegible] unseres Dichters sich der [illegible] der Goethe'schen Poesie [illegible] immer [illegible] Meis[illegible] [illegible] ausgestatteten [illegible], aber diesem Cha[illegible] [illegible] im Stücke gibt, so liegt [illegible] heute noch [illegible], [illegible] [illegible] der Charactere [illegible] so sehr [illegible], sie liegt [illegible] ihnen bestehen. [illegible], er [illegible]. Schilderungen [illegible] machen, um die Eigenthüm[illegible] durch die des andern

Adelheid.

(Götz von Berlichingen.)

Man weiß, es gibt eine Art Frauen, welche auf die Männer ganz dieselbe dämonische Anziehungskraft ausüben wie die Klapperschlange auf die kleinen Vögel. Freilich auch nur auf die kleinen Männer: den wirklich bedeutenden ist die bezauberndste Frau selten lange gefährlich.

Dieses dämonische Wesen nun zeigt uns Adelheid im höchsten Grade, sie wird verderblich jedem, der ihr naht, vergiftet ihn ins Herz hinein. Gift ist aber kein einfacher Stoff, er ist immer aus vielen und zum Theil sehr edeln Kräften und Elementen zusammengesetzt — versuchen wir seine Mischung bei Adelheid zu analysiren.

Zunächst ist sie blendend, berauschend schön; sagt doch Franz von ihrer Schönheit:

> Ihr habt davon gehört? Das ist eben als wenn ihr sagtet, ich hab' die Musik gesehen.... Da ich sie sahe hatte ich nicht mehr Sinne als ein Trunkener. Oder vielmehr, kann ich sagen, ich fühlte in dem Augenblick, wie's den Heiligen bei himmlischen Erscheinungen sein mag. Alle Sinne stärker, höher, vollkommener, und doch den Gebrauch von keinem.... Sie hatte ihr Auge aufs Bret geheftet, als wenn sie einem großen Streich nachsänne. Ein feiner lauernder Zug um Mund und Wangel Adel und Freundlichkeit herschten auf ihrer Stirn. Und das blendende Licht des Angesichts und des Busens, wie es von den finstern Haaren erhoben ward!

Also neben der Schönheit noch hochstrebenden Geist, Verstand und graziöse Kokketterie, aber auch Tücke und Verschlagenheit, eine umgreifende Gemüthsart. Dabei starkes Temperament, aufs höchste aufgeregt durch kurzen Ehestand. Das ist freilich genug, um eine Atmosphäre zu erzeugen, deren Einathmen schon eine einfache Natur wie Franz vollständig berauschen muß, dem sie denn als eitel „Feuer, Leben, Muth“ erscheint. Wir haben also Verstand und Sinne im höchsten Grad; von Gemüth dagegen, Liebe, Hingebung ist nirgends eine Spur. Unter diesen Umständen kann der höchste Ehrgeiz niemals fehlen, da ihr ja doch nur seine Befriedigung das Genügen des Herzens, das ihr ewig abgehen muß, wenigstens theilweise ersetzen kann.

Es ist aber das Verhängniß der Frauen, daß sie in diesem Fall beständig an die Sinnlichkeit, mindestens an die Neigung der Männer zu appelliren gezwungen sind, wenn sie sich der letztern als Werkzeuge bedienen wollen; über dem Mittel, das sie anwenden, müssen aber nothwendig sie sich selbst um so mehr verderben und erniedrigen, als es nach und nach in immer stärkern Gaben gegeben werden muß, und so von der feinsten Koketterie bis zur frechsten Herausforderung die Bahn allmählich unfehlbar durchlaufen wird. Es ist das vielleicht nicht der schwächste Grund, den man für die Ansicht anführen kann, daß die Frauen ihre Herrschaft innerhalb des häuslichen Kreises und nicht im Getriebe der Welt zu suchen haben.

Auch Adelheid ist noch keine Verbrecherin, da wir sie kennen lernen. Sie hat nur eben die erste Stufe der verhängnißvollen Leiter betreten. Ehrgeizige Frauen aber, und bis zu einem gewissen Grade sind sie's ja alle, werden zunächst durch nichts so sehr angezogen, als durch den Ruf eines Mannes. Daß er andern gefällt, von andern bewundert wird, ist schon Grundes genug ihn auch anziehen zu wollen.

So sagt auch Adelheid von Weislingen: „Ich liebe ihn nicht, und wollte doch daß er bliebe.“ Sie spricht mit halbem Hohn von seiner sanften Seele, denn sie ist bereits auf dem Wege ihn gering zu schätzen, sobald sie sieht, wie sie ihn um den Finger wickeln kann. Ist's doch Eigenschaft der Frauen, daß sie beständig suchen die Männer zu beherrschen, sie aber gründlich verachten, wenn es gelingt: denn eigentlich wollen *sie* beherrscht sein, und jeder Versuch zum Gegentheil ist nur die Probe, ob der Mann auch noch das Recht dazu hat. Brunhilde ergibt sich nur dem Stärkern, dem der sie bezwingt: das ist ein Stück, das gespielt werden wird, solange die Welt steht; das Langweilige an der Sache ist nur, daß Frau Brunhilde immer aufs neue wieder anfängt, sobald ihr der kleinste Zweifel kommt.

So ist denn auch Weislingen bei Adelheid bereits verloren, da es ihr gelingt, ihn beim Bischof zurückzuhalten; wäre er seinem Worte treu geblieben und gegangen trotz ihrer Verlockungen, so hätte sie ihn vielleicht gehaßt, sicher aber gefürchtet und geachtet. Sie bekennt ihm denn auch gleich mit großer Ungenirtheit, daß sie seines Umgangs müde ist, daß ihr blos noch der schöne Mann, aber nicht mehr Weislingen gefällt. Sie malt ihm mit einer Offenheit, die beinahe unsere Achtung erwirbt, ihren Zustand:

> Wie mir's denn nun geht, daß ich über die Leute nicht denken mag, denen ich wohl will, so lebten wir eine Zeit lang nebeneinander, es fehlte mir was, und ich wußte nicht, was ich an Euch vermißte. Endlich gingen mir die Augen auf. Ich sah statt des activen Mannes, der die Geschäfte eines Fürstenthums belebte, der sich und seinen Ruhm dabei nicht vergaß, der auf hundert großen Unternehmungen, wie auf übereinander gewälzten Bergen, zu den Wolken hinaufgestiegen war; den sah ich auf einmal, jammernd wie einen kranken Poeten, melancholisch wie ein gesundes Mädchen, und müßiger als einen alten Junggesellen. Anfangs schrieb ich's Euerm Unfall zu, der Euch noch neu auf dem Herzen lag, und entschuldigte Euch so gut ich konnte. Jetzt, da es von Tag zu Tage schlimmer mit Euch zu werden scheint, müßt Ihr mir verzeihen, wenn ich Euch meine Gunst entreiße. Ihr besitzt sie ohne Recht, ich schenkte sie einem andern auf Lebenslang, der sie Euch nicht übertragen konnte.

Ist das nicht ganz berechtigt? Hat sie doch wenigstens so viel Neigung für ihn, daß sie den Waschlappen zum Mann machen, sich einen Herrscher schaffen möchte. Daß es ihr nicht gelingen kann, das verbittert sie nur um so mehr, ruft alle Dämonen dieses Busens wach, denn es ist ein Schimpf für ihren Geschmack, den sie am ganzen Geschlecht rächen möchte. Getäuscht in der schönsten Hoffnung des Weibes, in ihrem Glauben an die Tüchtigkeit der Männer, die ihr nur immer in verächtlicher Gestalt erschienen, ohne Gewissen und Pflichtgefühl, sucht sie zuletzt in dieser lügnerischen Welt eine wahre Empfindung, und Franzens heiße, echte Leidenschaft flößt ihr wenigstens Mitleid für einen Augenblick ein; sie braucht ein Werkzeug, der Preis, um den sie es gewinnt, erscheint ihr so klein — und der Schritt vom Fehler zum Verbrechen wird gethan. Nun ist aber kein Halt mehr, denn Achtung vor sich kann sie nicht haben, Liebe für andere ebenso wenig, es bleibt also blos noch die Ehrsucht. Der Wunsch ist der Vater des Gedankens, Weislingen ist im Wege, das Werkzeug zur Beseitigung ist auch geschmiedet, sie darf blos wollen. Kann sie hier stehen bleiben? Sie will. In diesem Augenblick hat sie der Künstler aufgefaßt, da sie Franz in der Nacht kommen hört und öffnet, um ihm den höchsten Preis für die Begehung eines Verbrechens zu bieten, den das Weib zahlen kann. Der Dämon in ihr ist vollkommen erwacht, das Schlangenartige, unbezähmbar Wilde, Unbändige herausgebrochen, alles Große, Mächtige, Bedeutende in ihr zu Gift verkehrt: die einst ein Engel war, ist nun wirklich zum Teufel geworden.

Angeborenes Naturell genügt nicht dazu, es bildet blos den Zettel; der Einschlag zu dem fertigen Gewebe ist das Verhängniß, welches Adelheid blos schwache Männer kennen lehrte.

Adelheid.

[illegible] hat kein Herz mehr, denn Achtung vor sich [illegible], Lieb' für andere wenig [illegible] die Eifersucht. Der Wunsch in [illegible] der [illegible] ist im Wege, das Verlangen zur Ve[illegible] wieder, sie darf bloß wollen. [illegible] für [illegible]. Sie will. In diesem Augenblick hat sie [illegible] ausgedacht, da ihr Freund in der Nacht kommen [illegible], den höchsten Preis für die Vergebung [illegible] zu bieten, den das Weib zahlen kann. Das [illegible] vollkommen [illegible], das Schlangenartige, [illegible] Wilde, Rücksichtslose [illegible], ihre Größe, [illegible] ein [illegible] zum Teufel geworden.

[illegible] nicht dazu, sie bildet bloß [illegible] Gewebe ist das Ver[illegible] Männer kennen lehrte.

Orest.

(Iphigenie auf Tauris.)

Vergleicht man Goethe mit seinem großen Freunde und Ruhmesgenossen Schiller, so fällt einem vor allem die ungleichmäßige Production des erstern auf. Während bei Schiller die einzelnen Stücke fast mit organischer Nothwendigkeit sich folgen, mit der größern Verfeinerung der Form die Höhe und Tiefe des Inhalts gleichmäßig wächst, das Leben des Dichters wenig unmittelbaren Einfluß auf beide zu haben, sondern das Ganze vielmehr mit innerer Nothwendigkeit gleich dem stolzen Wachsthum eines Baums sich zu entfalten scheint, so ist die Production Goethe's offenbar durchaus von persönlichen Erlebnissen, ja von äußern Veranlassungen gleich stark bestimmt, die Gelegenheit, der Zufall haben viel mehr Einfluß auf sie, und die Geschenke der Musen erscheinen daher auch so viel ungleicher in Form, Gehalt und Werth voneinander. Man kann nicht sagen, daß dies die nothwendige Folge der längern Lebensdauer bei Goethe sei; denn wenn Schiller uns schon im sechsundvierzigsten Jahre entrissen wird, so ist auch Goethe's dichterische Thätigkeit mit dem Anfang der Funfziger so ziemlich am Ende, da ja nur die „Wahlverwandtschaften" und der zweite Theil des „Faust" in eine spätere Zeit fallen.

Welcher Unterschied besteht aber nur allein zwischen „Iphigenie" und der „Natürlichen Tochter", den beiden Stücken, welche die strengste Form zeigen! Wie contrastirt die Kälte des letztern mit der Innigkeit und Wärme, der herrlichen innern und äußern Vollendung des erstern!

Wir haben bei Besprechung Iphigeniens selber nachzuweisen gesucht, wie gerade sie auf so unvergleichliche Weise die antike Formenschönheit mit modernem Geiste erfülle und so eine lebendige Brücke von ewiger Dauer zwischen beiden geschlagen habe. Ist die schöne Priesterin die Vertreterin der modernen Humanitätsidee gegenüber der erbarmungslosen antiken Weltanschauung, so tritt diese dagegen bei Orest noch in ihrer ganzen unnahbaren Strenge, aber auch in ihrer edeln Einfachheit auf. Sein Charakter ist so vollendet griechisch, daß ihn ebenso wol Euripides als Goethe geschaffen haben könnte, und trotz dieser Strenge und Größe der Behandlung, wie wahr ist die ganze Gestalt, wie glühend strömt das Blut durch ihre Adern! Wie kühn ist sein königliches, heroisches Wesen gezeichnet, selbst da, wo es umnachtet von den tiefen Schatten der Schwermuth und des Wahns auftritt; wie fein ist es von dem des lebenslustigen, beweglichen, klugen und gewandten Freundes unterschieden, wenn er sich, während dieser allen Scharfsinn aufbietet, dem drohenden Verhängniß zu entgehen, ruhig dem Tod entgegensehnt:

Es ist der Weg des Todes, den wir treten:
Mit jedem Schritt wird meine Seele stiller....
Wie leicht wird's mir, dem eine Götterhand
Das Herz zusammendrückt, den Sinn betäubt,
Dem schönen Licht der Sonne zu entsagen.

Wie edel und rührend ist die Erinnerung an die Jugendzeit gezeichnet:

Des Lebens dunkle Decke breitete
Die Mutter schon mir um das zarte Haupt,
Und so wuchs ich herauf, ein Ebenbild
Des Vaters, und es war mein stummer Blick
Ein bittrer Vorwurf ihr und ihrem Buhlen....
Erinnre mich nicht jener schönen Tage,
Da mir dein Haus die freie Stätte gab,
Dein edler Vater klug und liebevoll
Die halberstarrte junge Blüte pflegte;
Da du ein immer munterer Geselle,
Gleich einem leichten bunten Schmetterling
Um eine dunkle Blume, jeden Tag
Um mich mit neuem Leben gaukeltest.

Das gerade, heldenhafte Wesen aber ist mit der innigsten Wärme, mit durchdringendem Verstande gepaart, der ihn denn auch des Freundes Sophismen leicht widerlegen und sagen läßt:

Ich schätze den, der tapfer ist und grad.

Seelengröße zeichnet sich nicht nur durchs Handeln, sie zeichnet sich auch durch die Art, Dinge und Personen zu sehen; Orest beweist, daß er sie vollkommen besitzt, schon dadurch, wenn er zu Iphigenie sagt:

Ich kann nicht leiden, daß du große Seele
Mit einem falschen Wort betrogen werdest.
Ein lügenhaft Gewebe knüpf' ein Fremder
Dem Fremden, sinnreich und der List gewohnt,
Zur Falle vor die Füße; zwischen uns
Sei Wahrheit!
Ich bin Orest! und dieses schuld'ge Haupt
Senkt nach der Grube sich und sucht den Tod;
In jeglicher Gestalt sei er willkommen!
Wer du auch seist, so wünsch' ich Rettung dir
Und meinem Freunde; mir wünsch' ich sie nicht.

Fühlen wir den Druck des schweren Geschicks, das auf dem jungen Helden liegt, in jedem Worte, so tritt doch selbst der Wahnsinn in edler, großer Form bei ihm auf, zeigt selbst das Aechzen der tiefsten Qual den Adel des Wesens, den heroischen Charakter:

Laß! Hinweg!
Ich rathe dir, berühre nicht die Locken!
Wie von Kreusa's Brautkleid zündet sich
Ein unauslöschlich Feuer von mir fort....
Mit solchen Blicken suchte Klytämnestra
Sich einen Weg nach ihres Sohnes Herzen;
Doch sein geschwunger Arm traf ihre Brust.
Die Mutter fiel!...
Weine nicht! Du hast nicht Schuld.
Seit meinen ersten Jahren hab' ich nichts
Geliebt, wie ich dich lieben könnte, Schwester.

Wälzt es sich nicht uns selbst wie ein Stein vom Herzen, wenn er endlich vom Wahn befreit in die Worte ausbricht:

Es löset sich der Fluch, mir sagt's das Herz.
Die Eumeniden ziehn, ich höre sie,
Zum Tartarus und schlagen hinter sich
Die eh'rnen Thore fernabdonnernd zu.
Die Erde dampft erquickenden Geruch
Und ladet mich auf ihren Flächen ein,
Nach Lebensfreud' und großer That zu jagen.

Man sieht, wie er befreit ist von dem Banne, der die Sinne gefangen hält; es tritt auch sofort die heldenhafte Kampfes- und Thatenlust in ihre Rechte, er will sich die Freiheit mit dem Schwert erobern, er fordert zum Zweikampf den besten der Gegner:

Wähl' einen aus den Edeln deines Heers
Und stelle mir den Besten gegenüber.
So weit die Erde Heldensöhne nährt,
Ist keinem Fremdling dies Gesuch verweigert.

Er steckt sich aber auch das edelste Kampfziel, bleibt menschlich in der höchsten Kampflust:

Und laß mich nicht allein für unsre Freiheit,
Laß mich, den Fremden für die Fremden, kämpfen.
Fall' ich, so ist ihr Urtheil mit dem meinen
Gesprochen: aber gönne mir das Glück
Zu überwinden; so betrete nie
Ein Mann dies Ufer, dem der schnelle Blick
Hülfreicher Liebe nicht begegnet, und
Getröstet scheide jeglicher hinweg!

Ist das vielleicht der einzige moderne Zug an ihm, so vollendet er doch wohlthuend das schöne Bild der herrlichen jugendlichen Heroengestalt, wie es aus jedem seiner Worte spricht.

Orest.

Clärchen.

(Egmont.)

Soll die Dichtung allerdings der Spiegel des Lebens sein, so kann doch der Dichter nur das Leben kennen lernen, das ihn umgibt, die Vergangenheit aber nur durch Vermittelung der Gegenwart begreifen; es wird sein Werk daher auch immer mehr oder weniger die Züge dieser tragen müssen und zwar um so mehr, je enger er sich an die Natur anschloß. Eben deshalb sehen Shakspeare's Römer bekanntlich so sehr englisch aus wie Schiller's Italiener deutsch. Es kann uns daher nicht wunder nehmen, wenn sich das trotz alles persönlichen Muthes doch so unentschlossene Wesen der Deutschen in Goethe's Männercharakteren nur gar zu deutlich abspiegelt; entstanden seine Gebilde doch zum größern Theil in jener langen Zeit des tiefsten Friedens, des behaglichen Quietismus, den unser Vaterland vom Ende des Siebenjährigen Kriegs bis ins letzte Jahrzehnd des Jahrhunderts genoß, und die in ihrem engen, gebundenen Wesen, im Mangel alles nationalen Lebens, bei dem überall herrschenden Absolutismus wenig geeignet war, thatkräftige Charaktere auszubilden, so sehr auch gerade sie langsam und sicher den Grund zur Befreiung der Geister legte.

Ist eine solche Periode wenig geeignet, zum Handeln zu erziehen, so begünstigt sie um so mehr das schöne Sein, die Entfaltung der weiblichen Eigenschaften also, die Frauenwelt. Gewiß haben wir diesem Umstand vor allem jene Fülle von wunderschönen Frauenbildern zu danken, die wir in Goethe's Werken finden, deren Naturwahrheit, Naivetät und holde Anmuth sich nur mit den Frauen der Bibel vergleichen läßt, in diesen Eigenschaften sogar den meisten Schöpfungen Shakspeare's überlegen ist.

Und da man ihr endlich einwirft, sie sei zu sehr außer sich, erwidert sie stolz:

> Und ich habe nicht Arme, nicht Mark wie ihr; doch hab' ich, was euch allen fehlt, Muth und Verachtung der Gefahr. Könnt' euch mein Athem doch entzünden!...
>
> Außer mir! Abscheulich! Brackenburg. Ihr seid außer Euch. Da ihr laut den Helden verehrtet, ihn Freund und Schutz und Hoffnung nanntet, ihm Vivat rieft, wenn er kam, da stand ich in meinem Winkel, schob das Fenster halb auf, verbarg mich lauschend, und das Herz schlug mir höher als euch allen. Jetzt schlägt mir's wieder höher als euch allen! Ihr verbergt euch da es noth ist, verleugnet ihn und fühlt nicht, daß ihr untergeht, wenn er verdirbt.

Das Ringen des muthigen Mädchens mit der maßlosen Verzweiflung, als sie eine Hoffnung nach der andern schwinden sieht, sich selbst zu ohnmächtig sieht, ihm Hülfe zu bringen, gehört zum Erschütterndsten, was unsere Poesie kennt, und wird in seinem Gegensatz zu der naiven Anmuth und dem Glanz ihrer Erscheinung beim ersten Auftreten die Figur des Clärchen immer unter diejenigen stellen, die dem deutschen Volke am meisten ins Herz gewachsen sind.

Wagner

Und da man ihr endlich einwirft, sie sei zu sehr außer sich, erwidert sie stolz:

> Und ich habe nicht Arme, nicht Mark wie ihr; doch hab' ich, was euch allen fehlt, Muth und Verachtung der Gefahr. Könnt' euch mein Athem doch entzünden!...
>
> Außer mir! Abscheulich! Brackenburg. Ihr seid außer Euch. Da ihr laut den Helden verehrtet, ihn Freund und Schutz und Hoffnung nanntet, ihm Vivat rieft, wenn er kam, da stand ich in meinem Winkel, schob das Fenster halb auf, verbarg mich lauschend, und das Herz schlug mir höher als euch allen. Jetzt schlägt mir's wieder höher als euch allen! Ihr verbergt euch da es noth ist, verleugnet ihn und fühlt nicht, daß ihr untergeht, wenn er verdirbt.

Das Ringen des muthigen Mädchens mit der maßlosen Verzweiflung, als sie eine Hoffnung nach der andern schwinden sieht, sich selbst zu ohnmächtig sieht, ihm Hülfe zu bringen, gehört zum Erschütterndsten, was unsere Poesie kennt, und wird in seinem Gegensatz zu der naiven Anmuth und dem Glanz ihrer Erscheinung beim ersten Auftreten die Figur des Clärchen immer unter diejenigen stellen, die dem deutschen Volke am meisten ins Herz gewachsen sind.

r undeutlich einwirft, sie sei zu sehr außer sich.

:

…habe nicht Arme, nicht Mark wie ihr; doch hab' ich, was euch allen fehlt, Muth und Verachtung der Gefahr. Könnt' [illegible] Athem doch entzünden!…

…mich! Holdseliger! Brackenburg. Ihr seid außer Euch. …at den Helden verehrt, ihn Freund und Schutz und …nannte, ihm Vivat rief, wenn er kam, da stand ich in …dert, schob das Fenster halb auf, verbarg mich lauschend, …mir schlug, wie höher als euch allen. Jetzt schlägt mir's …her als euch allen! Ihr verbergt euch da es noth ist, …ihr und fühlt nicht, daß ihr untergeht, wenn er

…n des muthigen Mädchens mit der muthlosen …als sie eine Hoffnung nach der andern schwin- …lbst zu ohnmächtig sieht, ihm Hülfe zu bringen, …Schönsten, was unsere Poesie kennt, und …[illegible] zu der naiven Anmuth und dem

Wagner

F. A. Brockhaus [illegible]

Wagner.

(Faust.)

Solch schwere Last sind Wissenschaft und Weisheit, daß sie sich häufig der Esel bedienen müssen, um sie zu tragen; auch Kameele sollen bisweilen zu diesem Dienste verwendet werden. Man braucht nur in die erste beste deutsche Universitätsstadt zu gehen, um sich von der schlagenden Wahrheit unsers Satzes auf jeder Straße überzeugen zu können. Wie sie daherkeuchen, wie sie blasen und pusten und jeden darauf ansehen, ob er auch wisse, welch einen unbezahlbaren Schatz sie zu tragen haben! Welch Gefühl des unermeßlichen Abstandes zwischen ihnen und gewöhnlichem Vieh spricht aus der stolzen, mürrischen Würde, mit der sie einherschreiten!

Es ist bekanntlich ein merklicher Unterschied zwischen denen, welche die Schätze der Weisheit und des Wissens zu Tage fördern, und denen, welche sie herumtragen und der Jugend loth- und scheffelweise verkaufen. Zu letztern Trägern der Wissenschaft gehört nun der treffliche Mann, der als vollkommener Widerpart des Königs Midas alles Gold zu todtem Papier und abgedroschenem Stroh verwandelt, was er anfaßt. Faust nennt den gelehrten Herrn ein wenig grob einen „trockenen Schleicher“ und behauptet von ihm:

> Wie nur dem Kopf nicht alle Hoffnung schwindet,
> Der immerfort an schalem Zeuge klebt,
> Mit gier'ger Hand nach Schätzen gräbt,
> Und froh ist, wenn er Regenwürmer findet!

Sie haben eine eigene Art, aus allem das Leben auszutreiben, womit sie sich befassen. Sie reduciren alles auf einen Mechanismus oder auf Recepte; besonders für die letztern aber nähren sie eine wahre Wuth, glauben den Staat wie die einzelnen Menschen damit curiren zu können, und die Untrüglichkeit derselben erfüllt sie mit hohem Selbstgefühl. Dem Meister gegenüber ist aber der Famulus noch ganz bescheiden, hat noch kaum eine Prätension, die Welt zu regieren:

Ach! wenn man so in sein Museum gebannt ist,
Und sieht die Welt kaum einen Feiertag,
Kaum durch ein Fernglas, nur von weiten,
Wie soll man sie durch Ueberredung leiten?...
Mir wird, bei meinem kritischen Bestreben,
Doch oft um Kopf und Busen bang' —

wenn er sich auch gleich der Welt gegenüber als etwas Auserwähltes fühlt:

Verzeiht! Es ist ein groß Ergötzen
Sich in den Geist der Zeiten zu versetzen,
Zu schauen wie vor uns ein weiser Mann gedacht,
Und wie wir's dann zuletzt so herrlich weit gebracht.

Alle gelehrten Pedanten sind eitel, und so jagt auch er nach jeder Auszeichnung, wär's auch nur der, neben einem berühmten Manne zu gehen:

Mit Euch, Herr Doctor, zu spazieren,
Ist ehrenvoll und ist Gewinn....
Welch ein Gefühl mußt du, o großer Mann!
Bei der Verehrung dieser Menge haben!
O glücklich! wer von seinen Gaben
Solch einen Vortheil ziehen kann.

Sagt ihm der Meister dann:

Doch ist es jedem eingeboren,
Daß sein Gefühl hinauf und vorwärts dringt —

so zeichnet wieder er sein ganzes Wesen, den totalen Mangel an Phantasie, den er hat, da er Faust misverstehend antwortet:

Ich hatte selbst oft grillenhafte Stunden,
Doch solchen Trieb hab' ich noch nie empfunden.
Des Vogels Fittich werd' ich nie beneiden.
Wie anders tragen uns die Geistesfreuden,
Von Buch zu Buch, von Blatt zu Blatt!

So meisterhaft nun auch der beschränkte Kopf gezeichnet ist, dem eigentlich alles frische organische Leben ein Greuel ist, alles Wissen ein Gedächtnißkram wird, so kommt dieser im ersten Theil der Tragödie blos leicht skizzirte Zug doch erst im zweiten zur vollen Entwickelung, wo er, aus des Meisters

Schatten herausgetreten, in eigenem Lichte strahlt, sodaß Mephistopheles von ihm sagt:

Wer kennt ihn nicht, den edeln Doctor Wagner,
Den ersten jetzt in der gelehrten Welt!
Er ist's allein, der sie zusammenhält,
Der Weisheit täglicher Vermehrer.
Allwißbegierige Horcher, Hörer
Versammeln sich um ihn zu Hauf.
Er leuchtet einzig vom Katheder;
Die Schlüssel übt er wie Sanct-Peter,
Das Untre so das Obre schließt er auf.
Wie er vor allen glüht und funkelt,
Kein Ruf, kein Ruhm hält weiter Stand;
Selbst Faustus Name wird verdunkelt,
Er ist es, der allein erfand.

Hier erst macht er sich daran, nach Herzenslust dem Leben den Krieg zu erklären, organische Gestaltung durch mechanische Fabrikation zu ersetzen, wie uns der Famulus erzählt:

Monatelang, des großen Werkes willen
Lebt' er im allerstillsten Stillen.
Der zarteste gelehrter Männer
Er sieht aus wie ein Kohlenbrenner,
Geschwärzt vom Ohre bis zur Nasen
Die Augen roth vom Feuerblasen —

wie ihn denn auch der Künstler so darstellt, da er den Deckel von der Phiole hebt, in der er eben den Homunculus braut. Freilich nicht ohne die Hülfe des Teufels gelingt die Sache, und dem Aermsten bleibt immer noch die Retorte ankleben; aber es ist doch der Triumph der Wissenschaft, wie er behauptet:

Der zarte Punkt, aus dem das Leben sprang,
Die holde Kraft, die aus dem Innern drang
Und nahm und gab, bestimmt sich selbst zu zeichnen,
Erst Nächstes, dann sich Fremdes anzueignen,
Die ist von ihrer Würde nun entsetzt....
Nun läßt sich wirklich hoffen,
Daß, wenn wir aus viel hundert Stoffen
Durch Mischung — denn auf Mischung kommt es an —
Den Menschenstoff gemächlich componiren,
In einen Kolben verlutiren
Und ihn gehörig cohobiren,
So ist das Werk im stillen abgethan.
Es wird! Die Masse regt sich klarer!
Die Ueberzeugung wahrer, wahrer!

Wilhelm von Oranien

F. A. Brockhaus' Geogr.-artist. Anstalt Leipzig

Wagner.

Was man an der Natur Geheimnißvolles pries,
Das wagen wir verständig zu probiren,
Und was sie sonst organisiren ließ,
Das lassen wir krystallisiren.

Daß Wagner sich an diese Unternehmung macht, ist vielleicht der glücklichste Einfall des ganzen zweiten Theils, und obige Rechtfertigung seines Strebens spricht ganz jene unmäßige Ueberhebung der Wissenschaft aus, die sich gerade in unsern Tagen oft so breit macht, so grenzenlos dünkelhaft auftritt. Homunculus selbst gibt ihren Vertretern schließlich den besten Rath:

Du bleibst zu Hause Wichtigstes zu thun.
Entfalte du die alten Pergamente,
Nach Vorschrift sammle Lebenselemente
Und füge sie mit Vorsicht eins ans andre.
Das Was bedenke, mehr bedenke Wie?
Indessen ich ein Stückchen Welt durchwandre
Entdeck' ich wol das Tüpfchen auf das I.
Dann ist der große Zweck erreicht;
Solch einen Lohn verdient ein solches Streben:
Gold, Ehre, Ruhm, gesundes langes Leben,
Und Wissenschaft und Tugend — auch vielleicht.
Leb' wohl!

Wilhelm von Oranien

F. A. Brockhaus' Geogr.-artist. Anstalt Leipzig

Wilhelm von Oranien.

(Egmont.)

Die erste Bedingung des Gelingens ist, daß man sein Vorhaben nicht vorher ausplaudert. Schweigen ist Gold, Reden Silber, sagt das Sprichwort. Wilhelm von Oranien aber ist ein zu guter Rechner, als daß er nicht den Beinamen des „Schweigsamen aus Princip" zu verdienen gesucht hätte. An Maximen und Principien gab es aber zu allen Zeiten so großen Ueberfluß, daß man eben an ihrer Auswahl den Mann beurtheilen kann; denn am Ende wählt sich jeder diejenigen aus, die seinen Neigungen und seinem Charakter entsprechen. Nur die Tröpfe versuchen es, in anderer Leute Fußtapfen spazieren zu gehen, ohne zu untersuchen, ob ihre Beine lang genug dazu sind.

So darf man denn nur einen Blick auf das nachdenkliche, sorgliche und feste Gesicht des großen Führers der Niederländer werfen, wie ihn uns der Künstler nach den vielfach vorhandenen Porträts in der Scene, in der er Egmont warnt, vorführt, um sich davon zu überzeugen, daß er aussieht wie die Statue des Schweigens selber. Es ist bei ihm nicht nur Grundsatz, sondern auch Folge des Naturells: diese feinen, zusammengepreßten Lippen sehen aus wie zwei eifersüchtige Thürsteher, die sorgsam jedes Wort untersuchen, ehe sie es über die Schwelle lassen.

Für seinen lebens- und redelustigen Egmont aber konnte Goethe keinen bessern Gegensatz finden als den ältern Freund, dessen behutsames, zurückhaltendes, bestimmtes und entschlossenes Wesen mit dem Schleier des Geheimnisses, den er in so reichen Falten um sich herumzulegen weiß, uns überall eine unberechenbare Zukunft, die weiteste Entwickelung ahnen lassen, und der deshalb mit dem offenen Egmont so merkwürdig contrastirt, da an diesem der einzige Fehler ist, daß er keine Entwickelung hat, daß ihm der Hintergrund mangelt, daß man ihn überall vorausberechnen kann. Wenn man aber den Offenen liebt, so betrügt man ihn auch oder enthält sich doch schwer, von seiner Offenheit Nutzen zu ziehen, sie vermindert also seine Macht; den Verschlossenen scheut und fürchtet man, das vermehrt sie.

Schweigen sei die Weisheit der Tröpfe, behaupten die redseligen Franzosen; wir glauben, es sei auch die der Staatsmänner — wenigstens gibt es unzählige Beispiele dafür außer dem unsers Oranien, — wenn sie nicht vorziehen, die Sprache dazu zu gebrauchen, um ihre Gedanken zu verbergen.

Der Dichter freilich hatte diesen einzelnen Zug des Charakters unsers Helden durch eine Menge anderer zu vervollständigen, und für sie alle außer den gelegentlichen Aeußerungen seiner Freunde und Gegner über ihn, die uns freilich immer seine Wichtigkeit ahnen lassen, nur eine einzige kurze Scene. Es ist ihm gleichwol gelungen, den Mann, wie er leibt und lebt, uns vorzuführen, ganz so, wie ihn auch die Geschichte zeichnet. Zunächst gewahren wir an ihm die feine Beobachtungsgabe — er sieht das Kleinste, ohne deshalb einen Augenblick das Ganze und Große aus den Augen zu verlieren:

> Ich stehe immer wie über einem Schachspiele und halte keinen Zug des Gegners für unbedeutend; und wie müßige Menschen mit der größten Sorgfalt sich um die Geheimnisse der Natur bekümmern, so halt' ich es für Pflicht, für Beruf eines Fürsten, die Gesinnungen, die Rathschläge aller Parteien zu kennen.

Diese Aufmerksamkeit ist aber nicht die des Forschers, sondern die Wachsamkeit des Soldaten; er weiß, daß das Leben ein Kampf ist, in welchem es neben Sieg oder Niederlage kein Drittes gibt; ihr gesellt sich die Geschicklichkeit des Rechners, der aus zwei bekannten Größen die dritte unbekannte zu folgern weiß.

Der Staatsmann unterscheidet sich vom bloßen Denker aber auch dadurch, daß mit der Einsicht in die Lage auch schon der Entschluß in ihm entsteht: alles Beobachten ist ihm blos Mittel zum Handeln. Oranien legitimirt sich durchaus als solchen; während Egmont arglos an die Gefahr noch gar nicht glauben will, ist Oranien schon entschlossen, wie er ihr begegnen wird, und hat alles dafür vorbereitet.

Er kennt aber nicht nur seinen Feind — und aus dieser Kenntniß schöpft er die Berechnung dessen, was er thun wird —, er kennt auch sich, seine Kräfte wie die Verpflichtungen seiner Stellung. Als ihm Egmont einwirft:

> Bedenke, wenn du dich irrst, woran du schuld bist: an dem verderblichsten Kriege, der je ein Land verwüstet hat... da die zu Grunde gehen, für deren Freiheit du die Waffen ergreifst. Und wie wird dir's sein, wenn du dir still sagen mußt: Für meine Sicherheit ergriff ich sie —

so erwidert er mit Recht:

> Wir sind nicht einzelne Menschen, Egmont. Ziemt es sich uns für Tausende hinzugeben, so ziemt es sich auch uns für Tausende zu schonen... Es ist klug und kühn, dem unvermeidlichen Uebe entgegenzugehen.

Es ist übrigens hier das einzige mal, daß er vom Volke spricht und von der Sache, die er vertr.tt, und auch das nur, weil ihn Egmont dazu veranlaßt. Im ganzen geht ihm offenbar das eigene Interesse vor, er hat einen Herrscherinstinct und ist nichts weniger als Republikaner, wie wir aus seiner Replik sehen; denn da ihm Egmont, sorglos im Bewußtsein seiner Unschuld, einwirft:

> Und hat der König treuere Diener als uns? —

so antwortet er:

> Wir dienen ihm auf unsere Art, und untereinander können wir gestehen, daß wir des Königs Rechte und die unsrigen wol,l abzuwägen wissen.

Man kann bei seiner Voraussicht und Entschlossenheit sich kaum des Verdachts erwehren, daß er das Nahen des Conflicts wünscht, dessen Unvermeidlichkeit er so scharf einsieht, mit schonungsloser Dürre ausspricht, da er von den Gegnern sagt:

> Und wenn sie nun ungerecht und thöricht wären?

Wie dieser Mann auf das Volk wirkt trotz seines verschlossenen Charakters oder vielmehr wegen desselben, sehen wir aus des plauderhaften Jetter Aeußerung:

Fr Pe·ht [illegible]

Den nicht zu vergessen. Das ist ein rechter Wall: wenn man nur an ihn denkt, meint man gleich, man könne sich hinter ihn verstecken, und der Teufel brächte einen nicht hervor. Hoch! Wilhelm von Oranien, hoch! —

Der schwache Schneider zeigt hier den richtigen Instinct, den das Volk den Großen gegenüber fast immer hat: es ahnt den Charakter wenigstens, den es nicht durchschaut.

Wie schwer er bei Alba wiegt, sehen wir aus dessen Bewegung, da er ihn nicht fangen kann: die größere Hälfte des Werks scheint ihm mislungen. Goethe sagt irgendwo, daß er in seinem „Egmont" zeigen gewollt, wie wohlverbriefte Rechte und Freiheiten dem Angriff eines entschlossenen, gut geleiteten Despotismus nicht Stand zu halten vermöchten. Ohne Zweifel hat er diese Reflexion erst nachher gemacht, das Stück ist ihm wol nicht aus dieser abstracten Betrachtung aufgegangen, sondern aus der Plastik der Geschichte selber; auch ist der Satz nicht einmal ganz richtig, da wir in Oranien ja bereits den kennen lernen, der jene Freiheit zum Sieg zu führen vollständig das Zeug hat. Wir lernen aber nicht blos den kalten Rechner, den vorsichtigen und zugleich entschlossenen Charakter in ihm kennen, er hat nicht nur Kopf, sondern auch ein Herz; er liebt den Egmont, der doch gewissermaßen sein Nebenbuhler ist, und seine Warnung des Sorglosen, sein endliches Losreißen von ihm und der Schmerz, den es ihm verursacht, rühren uns an dem so wortkargen, starren Mann um so mehr, wie er denn in seinem gehaltenen Wesen einen Zug von Größe und Würde hat, der trotz alles Realismus seiner Anschauung ihn nie verläßt.

Fr Pecht del

Margarete von Parma.

(Egmont.)

Die Frauen haben zu begleiten, nicht zu leiten; dazu hat sie die Natur bestimmt. Soll eine weibliche Natur sich auch zu letzterm geschickt zeigen, so wird sie allemal männliche Eigenschaften aufweisen müssen, wenn man an ihre Berechtigung glauben soll.

Wie meisterhaft läßt Goethe seine Regentin, der er den fürstlichen großartigen Charakter und das staatsmännische Talent geben wollte, welche man von einer Tochter Karl's V. allenfalls erwarten konnte, gleich als eine Art Amazone auftreten! Sie gehe heute nicht auf die Jagd, sie reite heute nicht: das ist das erste, was wir von ihr hören. Da denkt man sich, wie es Clärchen denn auch ausspricht, gleich eine hohe, stolze Gestalt, groß, herzhaft entschlossen, wenn es nicht gar zu bunt kommt, mit starkem Nacken, vollbusig, mit einer Altstimme, „einem kleinen Schnurrbärtchen und manchmal einem Anfall von Podagra", wie Egmont lustig scherzt. Sie ist blond, ja das Blond mag wol ein wenig ins Röthliche gegangen sein; auch zeigt ihr Bild einen vollen Haarwuchs, eine hohe Stirn und starke, kühne Nase, klare, durchdringende blaue Augen und einen verschlossenen, trotzigen Mund, der wie das starke, energische Kinn auf heißes Temperament hindeutet, das Ganze verschönt durch einen Zug des Wohlwollens.

Zum Herrschen aber hat sie nicht nur Lust, sondern auch Beruf und Verständniß, wie wir aus ihren Aeußerungen gegen Machiavell entnehmen:

> Ich weiß wohl, daß Politik selten Treu' und Glauben halten kann, daß sie Offenheit, Gutherzigkeit, Nachgiebigkeit aus unsern Herzen ausschließt —

nicht minder sehen wir es an der scharfsinnigen und durchdringenden Art, wie sie ihre Umgebungen beurtheilt, mit wenigen Worten die Personen skizzirt, daß man diese leibhaftig vor sich sieht, oder doch die Eigenschaften, die bei ihr in Frage kommen, richtig herausfindet. So bei Machiavell:

> Du siehst zu weit, Machiavell! Du solltest Geschichtschreiber sein: wer handelt muß fürs Nächste sorgen —

Oranien:

> Ich fürchte Oranien, und ich fürchte für Egmont. Oranien sinnt nichts Gutes, seine Gedanken reichen in die Ferne, er ist heimlich, scheint alles anzunehmen, widerspricht nie, und in tiefster Ehrfurcht, mit größter Vorsicht thut er was ihm beliebt.

Hören wir sie über Egmont:

> Nie hat er einen Schein vermieden; als wenn niemand Rechenschaft von ihm zu fordern hätte. Noch trägt er den Namen Egmont. Graf Egmont freut ihn sich nennen zu hören; als wollte er nicht vergessen, daß seine Vorfahren Besitzer von Geldern waren.

Und nun Alba:

> Da sitzt der hohläugige Toledaner mit der ehernen Stirne und dem tiefen Feuerblick, murmelt zwischen den Zähnen von Weibergüte und unzeitigem Nachgeben.... Jeder ist bei ihm gleich ein Gotteslästerer, ein Majestätsschänder: denn aus diesem Kapitel kann man sie alle sogleich rädern, pfählen, viertheilen und verbrennen.

Besonders ihren Bruder, Philipp II., charakterisirt sie gut in seinem Verhältnisse zu ihr, was übrigens nicht hindert, daß seine Meinung ihr durchschnittlich mehr gilt als ihre eigene Ueberzeugung, daß sie immer nach ihm mehr blickt als nach dem Staat:

> Er ist von der Tiefe meiner Einsichten so vollkommen überzeugt, mit der Klugheit meines Betragens so außerordentlich zufrieden, daß ich fast sagen muß, der Brief ist für einen König zu schön geschrieben, für einen Bruder gewiß.

In dieser Scene hat sie der Künstler dargestellt und dabei die vorhandenen Porträts um so lieber benutzt, als sie dem Charakter, wie Goethe ihn aufgefaßt, vollkommen entsprechen. Sie hat aber nicht nur Talent zum Herrschen, liebt es auch, sie ist zu stolz, sich je zur bloßen Figurantin herzugeben:

Margarete von Parma.

Es ist so schön zu herrschen! — Und abzudanken? — Ich weiß nicht wie mein Vater es konnte; aber ich will es auch.

... Wer zu herrschen gewohnt ist, wer's hergebracht hat, daß jeden Tag das Schicksal von Tausenden in seiner Hand liegt, steigt vom Throne wie ins Grab. Aber besser so, als einem Gespenste gleich unter den Lebenden bleiben und mit hohlem Ansehen einen Platz behaupten wollen, den ihm ein anderer abgeerbt hat und nun besitzt und genießt.

Margarete weiß sich zu verstellen, doch ist sie „nicht mehr falsch als jeder, der seine Absichten erreichen will", wie Egmont behauptet. Hören wir ihn weiter:

Sie ist eine treffliche Frau, kennt ihre Leute und sähe tief genug, wenn sie auch nicht argwöhnisch wäre.

Noch mehr entnehmen wir diesen Zug aus ihrer Unterhaltung mit Machiavell, wo sie selbst gegen den offenen Egmont Verdacht äußert:

Seine Gesellschaften, Gastmahle und Gelage haben den Adel mehr verbunden und verknüpft, als die gefährlichsten heimlichen Zusammenkünfte.... Er schadet uns, und nützt sich nicht.

Bei allem Herrschertalent bleibt sie aber eben doch eine Frau, die am letzten Ende nicht über ihr Geschlecht hinauskann — Egmont schildert sie am richtigsten gegen Oranien, wenn er von ihr sagt:

Sie ist ein Weib, guter Oranien, und die möchten immer gern, daß sich alles unter ihr sanftes Joch gelassen schmiegte, daß jeder Hercules die Löwenhaut ablegte und ihren Kunkelhof vermehrte; daß, weil sie friedlich gesinnt sind, die Gärung, die ein Volk ergreift, der Sturm, den mächtige Nebenbuhler gegeneinander erregen, sich durch Ein freundlich Wort beilegen ließe, und die widrigsten Elemente sich zu ihren Füßen in sanfter Eintracht vereinigten. Das ist der Fall; und da sie es dahin nicht bringen kann, so hat sie keinen Weg, als launisch zu werden, sich über Undankbarkeit, Unweisheit zu beklagen, mit schrecklichen Aussichten in die Zukunft zu drohen, und zu drohen — daß sie fortgehen will.

Ein besonders individueller Zug bei ihrem sonstigen freien Wesen ist die Neigung zur Bigoterie, die sie mit der ganzen spanisch-österreichischen Familie gemein hat und die uns freilich in solcher Zeit und solchen Verhältnissen nicht befremden kann:

Sollen wir gleichgültig gegen unsere bewährte Lehre sein, für die so viele ihr Leben aufgeopfert haben? Die sollten wir hingeben?

Auch der Volksmund zeichnet das an ihr durch Jetter:

> Klug ist sie und mäßig in allem was sie thut; hielte sie's nur nicht so steif und fest mit den Pfaffen.

In der Hauptsache ist das, wie erwähnt, eine Familieneigenschaft; aber doch hängt es auch wol mit der überhaupt stark ausgebildeten Seite des Gemüths bei ihr zusammen, die sonst nicht eben ein Familienzug ist. Dies kommt ihr aber auch zu Gunsten. Sie hat Liebe zu den Niederländern, und das Volk ist ihr dankbar; ja, es gelingt ihr zuletzt sogar, die Ruhe leidlich wiederherzustellen. Hier thut die Milde der Frau, was ein Mann nicht vermocht hätte, wie denn freie Völker das Regiment einer Frau überhaupt leichter ertragen als sklavische — jenes schöne antike Relief, wo sich ein Löwe von einem Kinde reiten läßt, ist einem tiefen Zuge der menschlichen Natur mit feinem Blicke entnommen!

Gerade, daß sie aus den Gesetzen ihrer Organisation eben nicht heraustreten kann, ein Weib bleibt, welches zuletzt wieder alles auf die Wünsche seines Herzens bezieht, und dem die Neigung, wenn auch nicht das erste, doch sicherlich allemal das letzte ist, das nimmt uns für sie ein. Der Dichter hat diesen Zug mit außerordentlicher Geschicklichkeit benutzt und aufs feinste angedeutet, wie sie bei der Erschaffung der Welt anfangen könnte und zuletzt ganz gewiß wieder auf Egmont käme und bei ihm bliebe, ohne es sich nur selbst gestehen zu wollen. Sie schilt bei jeder Gelegenheit über ihn, zankt mit ihm, grollt ihm, aber — beschäftigt sich jedenfalls immer wieder mit ihm. Man könnte ebenso gut einer Magnetnadel verbieten, nach Norden zu zeigen, als einer Frau, nicht immer wieder auf den Gegenstand ihrer Neigung zurückzukommen! Dies mehr als alles andere aber macht Margarete liebenswürdig, dies bewirkt, daß wir von ihr mit Achtung und Theilnahme scheiden: man hat für die Heldinnen wie für die Helden nur dann ein Herz, wenn sie uns beweisen, daß — sie auch eins haben!

Margarete von Bern

Fr. Pecht ge.

Beaumarchais.

F. A. Brockhaus' Geogr.-artist. Anstalt, Leipzig.

Beaumarchais.

(Clavigo.)

Ohne Zweifel war es Goethe's Absicht, es so zu machen, wenn es als charakteristisches Moment an seinem Stück heraustritt, daß die Handlung einen unglücklichen Ausgang nimmt, nehmen muß, obgleich keine der handelnden Personen eine unedle Natur genannt werden kann, sondern blos der Gegensatz der Charaktere die Schuld und das Unglück herbeiführt.

Am stärksten ist dieser Gegensatz nun in Clavigo und Beaumarchais ausgeprägt: es sind zwei Menschen, die sich schon aus dem Grunde beinahe nothwendig hassen müssen, als sie einer ganz verschiedenen Weltanschauung angehören, während diese bei Carlos und Clavigo immer noch mehr oder weniger doch dieselbe ist. Dazu kommt aber auch noch, daß, während Clavigo von Charakter fein und biegsam, Beaumarchais im Gegentheil im höchsten Grade schroff und leidenschaftlich ist, die unbezwinglichste Neigung hat, alles sofort auf die Spitze und somit zum Bruche zu treiben.

> Wenn du schuldig bist, so erwarte keine Vergebung; über dein Elend soll noch die Verachtung eines Bruders auf dir schwer werden, und der Fluch eines Vaters. Bist du unschuldig! O dann alle Rache, alle, alle glühende Rache auf den Verräther! —

schreibt er gleich der Schwester, nicht eben geeignet, der tief Kranken, Leidenden die Gemüthsruhe zurückzugeben, Aufregungen zu ersparen, Trost zu bringen und Hülfe statt bloßer Rache. Er ist eine soldatische Natur: feurig, offen, brav nennt ihn die Schwester, aufbrausend bis zur Roheit, zur Grausamkeit, zur Brutalität; händelsüchtig, unklug, aber edelmüthig und vertrauensvoll, werden wir hinzufügen müssen. Daß sein starkes Rechtsgefühl mit ziemlicher Neigung zur Gewaltthätigkeit wunderlich genug verknüpft ist, das charakterisirt ihn ganz besonders als Militär. Seine Bravour ist übrigens echt französisch, mit viel Lärm und Selbstgefälligkeit gemischt. All das ist vom Dichter mit unvergleichlicher Meisterschaft zu einer höchst lebendigen Figur verarbeitet, die in ihrer Frische und soldatischen Derbheit jedes Herz gewinnen und sich selbst durch ihre beständigen Uebereilungen noch Freunde machen muß. Gleicht der ganze Mensch nicht einer Champagnerflasche, immer bereit den Pfropfen knallend zu sprengen, schäumend und berauschend überzuquillen?

Er wird ein ewiges Ideal für Lieutenants und Studenten bleiben. Wie kostbar ist schon die Art, mit der er, bei Clavigo eingetreten, malitiös schmeichelhaft anfängt, um mit dem glänzendsten „Aufbrummen" zu endigen!

Clavigo's Stellung diesem Bruder gegenüber ist freilich mislich genug, sie muß jede nicht ganz ungewöhnliche Energie lähmen. Er sagt sich ganz richtig:

> Ein schrecklicher Zustand, in den dich deine Thorheit, deine Verrätherei gestürzt hat. (Er greift nach dem Degen auf dem Tisch.) Ha! Kurz und gut! (Läßt ihn liegen.) — Und da wäre kein Weg, kein Mittel, als Tod — oder Mord? Abscheulicher Mord! — Das unglückliche Mädchen ihres letzten Trostes, ihres einzigen Beistandes zu berauben, ihres Bruders! — Des edeln braven Menschen Blut sehen! — Und so den doppelten, unerträglichen Fluch einer vernichteten Familie auf dich zu laden!

Dazu greift freilich auch der Muthigste nicht gern. Carlos drückt das freilich weniger schmeichelhaft also aus:

> Wer wird sein Leben gegen einen so romantischen Fratzen wagen.

Wenn er dann fortfährt:

> Dich so bethören zu lassen! Stehst du nicht, daß das ein einfällig angelegter Plan ist, um dich ins Garn zu sprengen?
>
> Nein, guter Freund, nimm mirs nicht übel, ich hab' wol in Komödien gesehen, daß man einen Landjunker so geprellt hat —

so hat er freilich unrecht und carikirt, darum ist es Beaumarchais wirklich nicht zu thun, fein angelegte Plane sind überhaupt nicht seine Sache, er will vor allem Genugthuung haben, Rache; das andere kümmert diese aufs Pathetische angelegte Natur offenbar sehr wenig, er hat eigentlich noch gar nie darüber nachgedacht.

Deshalb wird er denn auch so überrascht, als sich ein Ausweg zu finden scheint; läge ihm das Umspringen in der Empfindung von einem Extrem zum andern nicht so nahe, so sagte er schwerlich gleich:

> Von Herzen denn. Ob ich Euch schon sagen muß: noch kann ich Euch nicht lieben. Und somit seid Ihr der Unsrige und vergessen sei alles! Das Papier, das Ihr mir gabt, hier ist's.

Er gibt also dem, dem er eben mit aller Offenheit erklärte, wie er ihn für einen schlechten Kerl halte, gleich darauf einen Beweis des größten Vertrauens. Sicherlich ist gerade das einer der feinsten Züge, mit denen der Dichter ihn gezeichnet hat. Ist doch seine Offenheit so groß, daß Marie, die ihn eben kennen gelernt, von ihm sagen kann:

> Ach, ich sehe dein Angesicht nur wenige Zeit, aber schon drückt es mir alle deine Empfindungen aus, ich lese jedes Gefühl dieser unverstellten, unverdorbenen Seele auf deiner Stirn. Du hast etwas, das dich stutzig macht. Rede, was ist's?

Um so grenzenloser ist denn auch seine Wuth, da er sich getäuscht sieht:

> An diesem klopfenden, ängstlich bebenden Herzen schwör' ich dir. Höre mich, Gott, der du gerecht bist! Höret mich, alle seine Heiligen! Du sollst gerächt werden, wenn er — die Sinne vergehen mir über dem Gedanken — wenn er rückfiele, wenn er doppelten gräßlichen Meineids sich schuldig machte, unsers Elends spottete.

Wie groß seine Wuth, wird sehr scharf dadurch gezeichnet, daß sie ihn nicht erfinderisch macht, im Gegentheil seinen Scharfsinn lähmt:

> Hier! hier! es ist alles so dumpf, so todt vor meiner Seele, als hätt' ein Donnerschlag meine Sinne gelähmt. Marie! Marie! du bist verrathen! — und ich stehe hier! Wohin? — Was? — Ich sehe nichts, nichts! keinen Weg, keine Rettung.

Er hat es blos dazu gebracht, seine Schwester zu tödten, das arme Herz zu sprengen, das zwischen dem Ziele seiner Neigung und dieser Raserei keinen Ausweg mehr sieht als den Tod, da die gegenwärtigen Freunde wie die Treulosen es gleich sehr martern.

Der Natur eines großmüthigen Charakters wie Beaumarchais ist es ganz entsprechend, daß er, nachdem er die Rache gesättigt im Blute des Gegners, demselben zu verzeihen gestimmt wird. So schließt er denn auch:

Beaumarchais.

> Wie sein fließendes Blut alle die glühende Rache meines Herzens auslöscht! Wie mit seinem wegfliehenden Leben meine Wuth verschwindet! (Auf ihn losgehend.) Stirb, ich vergebe dir! —

nicht ohne uns den wohlthätigen Eindruck zurückzulassen, den eine gerade, offene, brave Natur selbst in ihrer Unzulänglichkeit immer macht, da sie eben durch diese das sichere Werkzeug des Schicksals wird.

Die Darstellung des Künstlers zeigt uns Beaumarchais in dem Momente, da er Clavigo die Erklärung dictirt, also in dem Momente, wo das am entschiedensten heraustritt, was den Grundzug seines Charakters bildet, das Soldatische.

F. A. Brockhaus' Geogr.-artist. Anstalt, Leipzig.

Carlos.

(Clavigo.)

Nichts ist natürlicher, als daß weiche, biegsame, schwankende Naturen sich gern an feste, ja starre anschließen, und daß diese hinwiederum, welche in der Regel das Bedürfniß des Herrschens haben, solche Freundschaft gern erwidern, da sie selten den Reichthum jener, ihre schöpferische Kraft besitzen, durch enge Freundschaft daher nicht nur dem andern, sondern noch mehr vielleicht sich selber nützen. Ueberdies ist ja das Herrschen für männliche Charaktere immer an sich schon der größte Genuß.

Wären Carlos und Clavigo nicht durch Freundschaft verbunden, so müßten sie sich nothwendig hassen oder verachten wie Tasso und Antonio, ein drittes gibt es nicht; so aber von Jugend auf durch gemeinsame Interessen verkettet, ist eine Art von wirklich schönem brüderlichen Verhältniß daraus geworden, in dem Carlos die männliche, Clavigo die weibliche Rolle zugefallen. Carlos aber ist bedeutend als Charakter, wie Clavigo als Talent: ist es ein Wunder, wenn sie solchergestalt eng verbunden Glück machen?

Der vorherrschende Verstand, das scharfe, verneinende Wesen des erstern spricht sich denn auch gleich in seinen ersten Worten aus. Erst kritisirt er den Stil des Freundes und findet ihn nicht mehr so frisch und blühend, dann hofmeistert er ihn wegen der Weiber, die er selber verachtet, eben weil ihm ihr edleres Theil, die grenzenlose Fähigkeit der Liebe und Aufopferung, unverständlich ist. Er betrachtet sie blos als Spielzeug, als solches aber sind sie ihm nothwendig:

> Narre, das ist deine Schuld. Ich kann nie ohne Weiber leben, und mich hindern sie an gar nichts. Auch sag' ich ihnen nicht so viel

schöne Sachen, tröste mich nicht monatelang an Sentiments und dergleichen; wie ich denn mit honneten Mädchen am ungernsten zu thun habe.

Ist das nicht bei aller Verstandesschärfe die Anschauung einer im Kerne armen und trockenen Natur? Faßt Carlos allgemein menschliche Verhältnisse gern zu niedrig auf, so beurtheilt er aber bestimmte gegebene, individuelle um so richtiger, wie das des Freundes zu Marie:

Daß du sie liebtest, das war natürlich; daß du ihr die Ehe versprachst, war eine Narrheit, und wenn du Wort gehalten hättest, wär's gar Raserei gewesen.

thut das aber immer mit jener Neigung zur Negation, die ihn bei allen Dingen vorzugsweise die schwache Seite ins Auge fassen läßt:

Wenn man beständig wäre, wollt' ich mich verwundern. Sieh doch, verändert sich nicht alles in der Welt?

Unter diesen Umständen muß einem Mann voll Weltverstand, gewandt, durch Erfolge voll Selbstgefühl und vornehm geworden, die Art, wie Clavigo sich von Beaumarchais überraschen läßt, allerdings höchst kindisch vorkommen. Er sagt mit Hohn vom letztern:

Wer wird sein Leben gegen so einen romantischen Fratzen wagen!

Er wirft dem Freunde vor:

Man spürt dir doch immer an, daß du ein Gelehrter bist. — Dich so bethören zu lassen! —

sieht nur eine Intrigue in dem, was der Ausbruch gereizter Leidenschaft ist, und als er gar den Freund entschlossen sieht, eine erste Uebereilung durch eine zweite gutzumachen, da bricht er unnachahmlich in jene berühmten Worte aus:

Da macht wieder jemand einmal einen dummen Streich!

Hier hat ihn der Künstler dargestellt, wenn auch etwas schmeichelhafter, als er sich selbst porträtirt.

Naturen wie er sind indeß zäh, und so gibt er die Partie noch lange nicht verloren. Er motivirt seinen Widerstand gegen die Heirath mit Recht vor sich selber:

Carlos.

> Es ist löblich, daß man dem Menschen, der durch Verschwendung und andere Thorheiten zeigt, daß sein Verstand sich verschoben hat, von Amts wegen Vormünder setzt. Thut das die Obrigkeit, die sich doch sonst nicht viel um uns bekümmert, wie sollten wirs nicht an einem Freunde thun? —

aber die Art, wie er ihn wieder herumbekommt, ist höchst charakteristisch für ihn. Carlos ist nicht unedel, er ist brav, aber auch als Emporkömmling keineswegs sehr gewissenhaft in der Wahl der Mittel, und so begegnet es ihm denn auch bei seiner Art, die Menschen immer etwas niedriger zu taxiren, als sie es eigentlich verdienen, daß er an ihre Schwächen appellirt, wenn er Einfluß auf sie üben will. Eine große geniale Natur begeistert sie, hebt sie empor, reißt sie mit sich fort; er aber muß, da er nicht schöpferisch und genial, sondern nüchtern verständig ist, für die Erwägungen des Verstandes erst dadurch sie empfänglich machen, daß er gegen ihre edelmüthigen Regungen, die zur größern Hälfte der Schwäche entspringen, andere Schwächen ins Gefecht führt. Er kennt des Freundes Eitelkeit, so zeigt er ihm zunächst, wie viele glänzende Weiber er hätte haben können:

> Wie manches Mädchen in Madrid harrt auf dich, hofft auf dich, und wenn du ihnen nun diesen Streich spielst?
>
> Sonderbar ist's. Ich habe wenig Männer gekannt, die so großen und allgemeinen Eindruck auf die Weiber machten als du.

Er zeigt sich getäuscht in seiner großen Meinung von Clavigo:

> Ich habe keinen Freund als dich; die Menschen sind mir alle unerträglich, und du fängst auch an mir unerträglich zu werden —

appellirt an seinen Ehrgeiz und setzt die Geliebte herab, für einen eiteln Menschen ein unerträgliches Verfahren; er zeigt ihm das Ridicül, das er sich gibt:

> Und nun erscheint der Herr — und allen Leuten versagt das Wort im Munde — kommt angezogen mit seiner trippelnden, kleinen, hohläugigen Französin, der die Auszehrung aus allen Gliedern spricht.

Endlich als stärksten Trumpf beseitigt er die Gewissensscrupel:

> Possen! Grillen! Sie hatte die Schwindsucht, da dein Roman noch sehr im Gange war.

Damit hat er ihn überwunden, allerdings durch lauter unedle Motive; indeß vollkommen umgestimmt, wie Clavigo ist, handelt sich's jetzt nur noch darum, ihm die Energie zur Ergreifung der Mittel einzuflößen, um aus der Verlegenheit zu kommen: Mittel, die ebenfalls nicht sehr edel sein können.

Ohne Zweifel ist es ein Zug echtester Freundschaft, daß er dabei den Freund eine möglichst passive Rolle spielen läßt und das Handeln selbst übernimmt; dennoch täuscht ihn seine Berechnung, wie alle Berechnungen bei charakterschwachen Menschen täuschen, die eine Consequenz bei ihnen voraussetzen, welche sie nun einmal nicht besitzen. Sie wird zunichte durch einen Zufall, wenn das Zufall ist, was mit Nothwendigkeit auf die eine oder andere Art hätte eintreten müssen — da Clavigo für die Rolle, die ihn Carlos spielen lassen will, nun einmal zu klein ist, wie er zusammengebrochen selber bekennt.

Die Art aber, wie Carlos dem Freunde die nöthige Stärke mitzutheilen sucht, erfüllt uns wenigstens mit Achtung vor ihm selber, wenn er ihm zuruft:

> Weh dir, daß du eine Bahn betreten hast, die du nicht endigen wirst!... Und was ist Größe, Clavigo? Sich in Rang und Ansehen über andere zu erheben? Glaub' es nicht! Wenn dein Herz nicht größer ist, als anderer Herzen; wenn du nicht im Stande bist, dich gelassen über Verhältnisse hinauszusetzen, die einen gemeinen Menschen ängstigen würden, so bist du mit allen deinen Bändern und Sternen, bist mit der Krone selbst nur ein gemeiner Mensch.

Eine besondere Eigenthümlichkeit solcher Naturen ist, daß sie wol im Dienst für andere, sehr geliebte Personen oder große Interessen eine Schuld auf sich nehmen, die sie im eigenen Interesse niemals auf sich laden würden. So entsühnt denn zuletzt die wahre Freundschaft, die er überall zeigt, den Carlos in unsern Augen für die Mittel, die er braucht, um sie zu bethätigen.

Carlos.

Helena.

F. A. Brockhaus Leipzig [illegible]

Helena.

(Faust.)

Wir gelangen nun zu dem Haupt- und Prachtstück, dem geschnörkelten Irrgarten für den Scharfsinn aller Glossatoren, Kritiker, Silbenstecher und gelehrten Pedanten, welche den Eintritt ins geheimnißvolle Heiligthum des zweiten Theils des „Faust", wie der Engel mit dem Flammenschwert den ins Paradies, allen denjenigen verwehren, deren Locken weniger dick mit Schulstaub gepudert sind als ihre eigenen Perrüken.

Es soll ihnen wenigstens bei uns auch gelingen, denn die Gesellschaft der Seligen, die sich in diesem symbolischen Elysium herumtreibt, hat doch etwas gar zu gespenstisch Schemenhaftes, als daß uns nicht vor ihr bange werden sollte, besonders wenn solche Sphinxe an der Thüre jeden zu verschlingen drohen, der kein Oedipus ist. Da wir nun keinerlei Creatur, am wenigsten aber durch glückliches Errathen solcher Sphinx das traurige Schicksal bereiten möchten, sich selber in den Abgrund von Langeweile stürzen zu müssen, den sie vor andern klaffend geöffnet, so beschränken wir uns billig darauf, nur ab und zu einen Blick durchs Gitter zu thun, ohne das Paradies selbst zu betreten. Er genügt ja auch, um uns die hohe Gestalt der berühmten Frau zu zeigen, die nun einmal dazu bestimmt scheint, durch ihre Schönheit fortwährend Unheil anzurichten, da sie nicht nur den Griechen so viel Blut, sondern auch seit Jahrhunderten den Scharen deutscher Magister und den Armeen ihrer Quartaner so viel Schweiß gekostet hat, wenn sie ihr tragisches Los aus dem Homer in unser vielgeliebtes Deutsch möglichst holperig zu übertragen suchten. O trauriges Schicksal der schönsten Frau der Welt, erst umworben zu sein von Königen und Helden und dann so kläglich zu enden als die gute Beute schwäbischer und sächsischer Schulmeister und ihrer

A-b-c-Schützen, ja sich von so berühmten Aesthetikern wie Vischer überdies noch im Grabe nachsagen lassen zu müssen, man sei nur aus Pappendeckel gewesen.

Leider sind auch wir genöthigt, jene freche Ansicht unsers berühmten Landsmanns nicht für ganz unbegründete Verleumdung zu halten, da der leichtsinnige Lebenswandel, dessen sich die Fürstin in ihrem Verhältniß zu Faust befleißt, offenbar nicht genügt, die Identität ihrer Person mit der der trojanischen Prinzessin so ganz außer Zweifel zu stellen, indem sie in diesem Stück doch gar zu viel Concurrentinnen hätte, die mit Grund denselben Titel für sich geltend machen könnten.

Halten wir uns daher an das Zeugniß derjenigen, die sie offenbar viel genauer gesehen haben als wir durchs symbolische Gittergeflecht, an das des kaiserlichen Hofstaats, dem sie zuerst erscheint und der ihr in seiner Art am charakteristischsten huldigt, wenn er bei ihrer Erscheinung äußert:

Aeltere Dame.
Groß, wohlgestaltet, nur der Kopf zu klein.
Jüngere.
Seht nur den Fuß! Wie könnt' er plumper sein?
Diplomat.
Fürstinnen hab' ich dieser Art gesehn,
Mich däucht sie ist vom Kopf zum Fuße schön.
Hofmann.
Sie nähert sich dem Schläfer listig mild....
Sie schleicht sich weg, leichtfüßig; er erwacht.
Dame.
Sie sieht sich um! Das hab' ich wol gedacht.
Hofmann.
Er staunt! Ein Wunder ist's, was ihm geschieht.
Dame.
Ihr ist kein Wunder, was sie vor sich sieht.
Hofmann.
Mit Anstand kehrt sie sich zu ihm herum.
Dame.
Ich merke schon, sie nimmt ihn in die Lehre;
In solchem Fall sind alle Männer dumm,
Er glaubt wol auch, daß er der erste wäre.
Ritter.
Laßt sie mir gelten! Majestätisch fein!
Dame.
Die Buhlerin! Das nenn' ich doch gemein.
Page.
Ich möchte wol an seiner Stelle sein!
Hofmann.
Wer würde nicht in solchem Netz gefangen?

Dame.

Das Kleinod ist durch manche Hand gegangen,
Auch die Verguldung ziemlich abgebraucht.

Andere.

Vom zehnten Jahr an hat sie nichts getaugt.

Ritter.

Gelegentlich nimmt jeder sich das Beste;
Ich hielte mich an diese schönen Reste.

Sie selber nennt sich später, ins Vaterhaus zurückkehrend, „bewundert viel und viel gescholten“ und fährt fort:

Denn seit ich diese Stelle sorgenlos verließ, ...
Ist viel geschehen, was die Menschen weit und breit
So gern erzählen, aber der nicht gerne hört,
Von dem die Sage wachsend sich zum Märchen spann.

Sie geht also über die dunkeln Punkte in ihrer Geschichte allerdings gern rasch weg, doch zeigt sie nicht nur hierin königlichen, sondern auch großen Sinn, wenn sie weiter spricht:

Der Tochter Zeus' geziemet nicht gemeine Furcht,
Und flüchtig-leise Schreckenshand berührt sie nicht.

Ebenso weiß sie alles mit gemessenem Anstande zu vollbringen, obwol ihr Phorkyas giftig nachsagt:

Alt ist das Wort, doch bleibet hoch und wahr der Sinn:
Daß Scham und Schönheit nie zusammen, Hand in Hand,
Den Weg verfolgen über der Erde grünen Pfad.

Alte Weiber haben immer mehr Zungenfreiheit als andere, und so müssen wir ihr derlei Betrachtungen schon verzeihen. Aufrichtig gestanden, hat uns das Gefolge der Königin immer viel lebendiger geschienen als sie selber. Goethe gelang, diese Lämmerschar mit einem Humor zu schildern, der seiner besten Zeit würdig wäre:

Vorschnell und thöricht, echt wahrhaftes Weibsgebild!
Vom Augenblick abhängig, Spiel der Witterung
Des Glücks und Unglücks, keins von beiden wißt ihr je
Zu bestehn mit Gleichmuth. Eine widerspricht ja stets
Der andern heftig, überquer die andern ihr;
In Freud' und Schmerz nur heult und lacht ihr gleichen Tons.

Damit verliert sich denn aber auch die Geschichte in einen mystisch-allegorischen Nebel, in welchem man zuletzt nicht mehr weiß, wo einem der Kopf steht.

Es ist eine der demüthigendsten Bemerkungen, die man im Laufe des Lebens zu machen Gelegenheit hat, daß man nichts wirklich dauernd besitzt, nicht einmal das Eigenste, was einem anzugehören scheint, die Schaffenskraft. Was wir gestern gekonnt, wir können es heute durchaus nicht mehr, sind wenigstens niemals sicher, daß wir es morgen noch können, und jener griechische Weltweise, der so sicher behauptete, er trage all das Seine bei sich, log aufs frechste, denn er hatte vielleicht die Hälfte desselben unterwegs verloren. So hat auch Goethe in den zweiten Theil des „Faust" sicherlich nur wenig von jener herrlichen Fähigkeit des Erschaffens unsterblicher Gestalten von unsaglichem Reiz, unerschöpflicher Lebenskraft hinübergerettet, der den ersten zum Lieblingsbuch der Nation für alle Zeiten gemacht hat.

Fehlt sie aber, so ist dafür immer noch eine solche Fülle tiefsinniger Weisheit, scharfer Weltbeobachtung, heitern Humors geblieben, daß man zehn gewöhnliche Dichter sehr prachtvoll damit ausstatten könnte; die reichste Lebenserfahrung theilt uns ihre Schätze mit, die liebenswürdigste Bosheit zeigt überall ihr schalkhaftes Gesicht und wechselt mit dem tiefsten Ernst, der Denker fesselt uns wenigstens aufs angenehmste und geistreichste, wenn der Dichter auch nicht mehr wie ehemals zu rühren und zu erschüttern vermag. Deshalb wird wol auch die Zeit allmählich feststellen, daß der zweite Theil des „Faust" zwar kein Stück Leben wie der erste, aber ein Schatzkästlein voll der kostbarsten Lebensresultate sei.

Fr. Pecht gez.

Marianne!
Wilhelm Meister

F. A. Brockhaus' Geogr.-artist. Anstalt Leipzig

Marianne.

(Wilhelm Meister.)

„Welche elende Creatur ist ein Weib, welches mit dem Verlangen nicht zugleich Liebe und Ehrfurcht einflößt" — das nothwendige Schicksal einer solchen Unglücklichen schildert uns Goethe in seiner Marianne mit jener ergreifenden Wahrheit, die ihm überall zu Gebote steht, sobald er in den Schatz persönlicher Erlebnisse, eigener Beobachtungen hineingreift. Aus solchen hat er wol auch den Charakter des Mädchens geschöpft, das er seinem Wilhelm als erste Geliebte gibt. Sie ist eine unbedeutende Person, hübsch und leichtsinnig, wie es schon Tausende vor ihr gab; innerlich leer, fühlte sie die Entwürdigung des Zustandes nicht, in dem sie sich befand, bis sie Wilhelm kennen lernte:

> Der Leichtsinn kam ihr zu Hülfe, solange sie in niedriger Verworrenheit lebte, sich über ihre Verhältnisse betrog oder vielmehr sie nicht kannte, da erschienen ihr die Vorfälle, denen sie ausgesetzt war, nur einzeln: Vergnügen und Verdruß lösten sich ab, Demüthigung wurde durch Eitelkeit und Mangel oft durch augenblicklichen Ueberfluß vergütet; sie konnte Noth und Gewohnheit sich als Gesetz und Rechtfertigung anführen, und so lange ließen sich alle unangenehmen Empfindungen von Stunde zu Stunde, von Tag zu Tag abschütteln.

Aber wie konnte sich denn Wilhelm über sie täuschen, wenn sie so war? Ach man braucht so wenig für eine erste Geliebte; sagt hier doch der Dichter selbst so wahr:

> Glückliche Jugend! Glückliche Zeiten des ersten Liebebedürfnisses! Der Mensch ist dann wie ein Kind, das sich am Echo stundenlang ergötzt, die Unkosten des Gesprächs allein trägt und mit der Unterhaltung wohl zufrieden ist, wenn der unsichtbare Gegenpart auch nur die letzten Silben der ausgerufenen Worte wiederholt.

Marianne.

So war Wilhelm in den frühern, besonders aber in den spätern Zeiten seiner Leidenschaft für Mariannen, als er den ganzen Reichthum seines Gefühls auf sie hinübertrug und sich dabei als einen Bettler ansah, der von ihren Almosen lebte. Und wie uns eine Gegend reizender, ja allein reizend vorkommt, wenn sie von der Sonne beschienen wird, so war auch alles in seinen Augen verschönert und verherrlicht, was sie umgab, was sie berührte.

Die Sonne aber, das ist ja die Liebe, die man im eigenen Busen fühlt und welche die Armuth der Wirklichkeit mit einem Strom von Licht und Glanz übergoldet.

Der Lebenslauf Mariannens, wie er sich vor uns entwickelt, wäre allein schon die glänzendste Widerlegung des Vorwurfs der Immoralität, wie er oft gegen den ganzen „Wilhelm Meister" erhoben worden ist. Des armen Mädchens Untergang ist in einer Weise erschütternd motivirt, in der sich das tiefste Gefühl für Sittlichkeit und Nothwendigkeit ausspricht: es ist moralisch wie die Natur selbst, denn wir finden keine Spur von Willkür in derselben. Welch unverdientes Unglück wäre es vielmehr für Wilhelm, wenn sie leben, wenn sie ihm erhalten bliebe; mit was hätte denn seine reine Neigung diese Brandmarkung durch das Tragen der Fesseln eines entwürdigten Geschöpfs verdient? Wäre diese Strafe nicht zu hart gewesen für seine Arglosigkeit? Aber das Unglück ist auch die reinigende Flut, welche im Verein mit ihrer wahren und aufopfernden Liebe Marianne entsühnt, ja adelt und rettet, sie, die anfangs unsern Widerwillen erregen mußte, unserer Theilnahme und Neigung zuletzt würdig macht, ihr die Schuld verzeihen läßt, nachdem sie dieselbe so schwer gebüßt. Der Dichter hat diesen Proceß, in welchem ein verlorenes Geschöpf durch die Kraft der Liebe von seiner Schuld entsühnt und gereinigt wird, schon in „Der Gott und die Bajadere" glanzvoll behandelt, hier bei der Marianne aber noch einmal mit allem Seelenreichthum der Poesie in voller Ausführlichkeit geschildert, von dem Augenblicke an, wo er uns ihr Inneres zeigt:

Wenn sie in sich blickte und suchte, war es in ihrem Geiste leer und ihr Herz hatte keinen Widerhalt. Je trauriger dieser Zustand war, desto heftiger schloß sich ihre Neigung an den Geliebten fest; ja die Leidenschaft wuchs mit jedem Tage, wie die Gefahr, ihn zu verlieren, mit jedem Tage näher rückte —

bis zu jenen letzten Billeten an ihn, wo das entsetzliche Gefühl, von dem verlassen zu sein, der ihre einzige Rettung war, der sie emporgehoben aus der Versunkenheit, sie zu jenem erschütternden Hülferuf bringt:

> Keines meiner Blätter hat bis zu dir durchdringen können; mein Bitten und Flehen hat dich nicht erreicht; hast du selbst diese grausamen Befehle gegeben? ...
>
> Lieber, lieber, guter Mann! sei gut, wie du warst, komm und laß mich nicht in meinem Elende verderben!
>
> Du hältst mich für schuldig, ich bin es auch, aber nicht wie du denkst....
>
> Nicht um meinetwillen allein, auch um dein selbst willen fleh' ich dich an, zu kommen....
>
> Bei allem, was heilig ist, bei allem, was ein menschliches Herz rühren kann, ruf' ich dich an!...
>
> Du willst mich nicht hören? So muß ich denn zuletzt wol verstummen, aber diese Blätter sollen nicht untergehen, vielleicht können sie noch zu dir sprechen, wenn das Leichentuch schon meine Lippe bedeckt....

Marianne liebt in Wilhelm ihr besseres Selbst, in ihm liebt sie alles, was schön und edel ist; denn alles das hat er ja in ihr geweckt, sie kann nicht mehr zurück in den vorigen Zustand, nachdem es alles erwacht ist, nachdem ihr die Entwürdigung desselben klar geworden; sie muß untergehen, nachdem sie die Hand verloren, die sie rettend aus dem trüben Strom des Lebens eine Zeit lang emporgehoben.

Der Künstler hat sie uns in jener so reizend beschriebenen Scene gezeigt, da sie, bei Wilhelm auf dem Sofa sitzend und kosend, seiner Erzählung von dem Puppentheater zuhört und bei der etwas übertriebenen Ausführlichkeit derselben alle möglichen Anstrengungen macht, den Schlaf zu verbergen, der sie überfällt. Da sie uns der Dichter nicht näher beschrieben, so war der Künstler wol darauf angewiesen, sie nach den Eigenschaften zu bilden, die wir sie entwickeln sehen. Es ist eine mehr sinnlich träumerische als geistig thätige Natur, und so sind denn wol auch große, dunkle, ein wenig leere, aber glänzende Augen, eine nichts weniger als bedeutende Stirn, ein gutmüthiger, der schönen Zähne halber viel lächelnder Mund, ein volles Kinn und eine üppige Büste dasjenige gewesen, was er ihr am ehesten verleihen durfte, die durch ihre Schönheit wol die Männer anziehen, sie aber durch Geist und Charakter nicht festzuhalten vermochte. In der glänzenden Reihe von Frauen, die an Wilhelm ihre Neigung verschenken, ist sie ja offenbar die weniger Begabte, wenn auch in der Kraft, mit der sie endlich die einzige große, edle und mächtige Empfindung ihres Lebens trotz der herbsten Noth, der mächtigsten Versuchung mit unerschütterlicher Treue festhält, etwas so tief menschlich Wahres und echt Poetisches liegt, daß wir ihrem Lose unser innigstes Mitleid nicht versagen können.

[illegible]erschienen, ist sie ja offenbar die [illegible] [illegible] in der [illegible] wie der [illegible] [illegible] [illegible] Erscheinung [illegible] [illegible] [illegible] der [illegible] [illegible] [illegible] mit [illegible] [illegible], [illegible] [illegible] [illegible] und [illegible] [illegible], daß wir [illegible] [illegible] [illegible] [illegible] nicht [illegible] können.

Fr. Fuchs ge:

Benvenuto Cellini

F. A. Brockhaus' Geogr.-artist. Anstalt, Leipzig

Benvenuto Cellini.

Zwischen dem herrlichen Zeitalter der Renaissance, jener merkwürdigen Periode von der Mitte des funfzehnten bis zu der des sechzehnten Jahrhunderts, und unserm unruhigen Jahrhundert besteht offenbar eine große Aehnlichkeit, die man schon oft bemerkt hat. Es mag daher immerhin nicht unfruchtbar sein, bei Gelegenheit des bezaubernd frischen Lebensbildes, das uns Goethe durch seine meisterhafte Uebersetzung des Cellini erobert hat, einige Parallelen zwischen dem heutigen und dem damaligen Künstlerstande, welch letzterer uns durch jene Biographie in seiner ganzen Denkweise und Lebensart so lebendig vorgeführt wird, zu ziehen.

Der Unterschied ist bei weitem nicht so groß, als man denken sollte; nur darf man dabei vorweg die Bemerkung nicht unterlassen, daß die Stellung eines Künstlers in Italien damals unendlich glücklicher war als die eines solchen in dem ziemlich barbarischen Deutschland, wie das beispielsweise die Vergleichung mit dem Leben des beinahe gleichzeitigen und so viel bedeutendern Dürer gar sehr zu unserm Nachtheil ergibt. Dieselbe glich vielmehr der, welche der Künstler heute bei uns einnimmt, wo der Schulmeister es der Mehrzahl der Germanen leidlich eingeprügelt hat, daß die Kunst gewissermaßen erst die höhere Bildung und besonders alle edlern Lebensgenüsse vermittelte und sie sich daher doch bequemen müssen, einige Achtung vor den Trägern derselben zu haben: eine Anschauung der Dinge, die ihnen selten von selbst kommt. Da die Deutschen allerdings von Haus aus plumper sind als alle andern europäischen Nationen, aber zugleich auch viel bildungsfähiger, so hat jener Unterricht allmählich so viel gefruchtet, daß die Künstler jetzt in Deutschland die beste sociale Stellung haben nach der, welche sie bei den feinern Franzosen und Italienern einnehmen, jedenfalls eine viel bessere als bei den Engländern und Russen und so fort, und daß besonders vor allem in Deutschland verhältnißmäßig mehr für die Kunst geschieht als, Belgien und Holland ausgenommen, in allen Ländern Europas.

Dagegen haben Dürer und Cellini einen großen Vorzug voraus vor ihren heutigen Rivalen: sie gehen aus dem Handwerk hervor, waren beide Goldschmiede; jene abgeschmackte Grenzlinie, die zwischen Künstler und Handwerker heute noch besteht, existirte damals nicht, und gerade deshalb stand das Handwerk durchschnittlich viel höher, war künstlerischer, nicht der Künstler handwerksmäßiger. So wird denn auch unser Cellini allmählich Schritt für Schritt Künstler, ohne den Unterschied eigentlich nur zu ahnen. Daher bringt er in die Kunst denn auch gleich das große technische Geschick mit, das man überall an ihm bewundert; er weiß sich immer zu helfen, und müßte er auch die zinnernen Teller seiner Köchin in den Schmelzofen werfen. Vielleicht hat er auch von daher ein gutes Theil jener brutalen Renommisterei, die einen so hervorstechenden Zug seines Charakters ausmacht. Heutzutage lobt man sich nicht mehr selber, sondern der Künstler läßt sich loben! Dafür ist die Reclame da, jene moderne Erfindung, die, bei den Franzosen gemacht, sich allmählich auch bei uns so ausnehmend eingebürgert hat, daß jeder ordentliche Akademiedirector sich jetzt nur noch mit Michel Angelo oder Phidias vergleichen läßt, genau so, wie unser Benvenuto schon thut, wenn er das Maul einmal recht voll nimmt. Das Raffinement, mit dem dieser seine Figuren bei König Franz beleuchtet, um sie neben den Antiken bestehen zu lassen, findet heute seine Parallele in der künstlichen Art, in der die berühmten Meister ihre Werke nicht mehr in die großen Ausstellungen geben, sondern allein in der möglichst günstigen Weise exponiren, ja sie solchergestalt förmlich von Stadt zu Stadt Gastrollen geben lassen.

Zu den hohen Herrschaften war das Verhältniß damals ungefähr dasselbe, wie es heutzutage endlich wieder ist nach drei Jahrhunderten einer oft großen Erniedrigung.

Um so verschiedener ist es im Bürgerthum und Staatsleben. Hier hat Cellini noch gar keine Ahnung von jener Ausnahmestellung, wie die ist, welche heute leider die Künstler einnehmen, dieser mystischen Position zwischen Himmel und Erde, die nicht Fleisch noch Fisch ist. Er erfüllt seine Bürgerpflichten wie jeder andere, wird Soldat, wenn's kommt, und hat nur, blagueur von Haus aus, zuletzt immer das Beste gethan, wie denn seine Vertheidigung der Engelsburg ein wahres Musterbild von Aufschneiderei liefert. Nichts ist denn auch gewöhnlicher, als daß die Künstler in den Rath ihrer Stadt gewählt, ja Schöffen und Bürgermeister werden wie Ghiberti, Meister Stephan Lochner u. a. Dagegen ist die Verfassung der heutigen Künstler in Einer Beziehung eine viel bürgerlichere: sie sind meistens verheirathet und zwar gewöhnlich glücklich, sind höchst solide Familienväter, während sich im Leben Cellini's die ganze Auflösung der Sitten, wie sie damals besonders in Italien und Frankreich stattfand, widerspiegelt. Er hat nur Geliebte und Haushälterinnen, bleibt aber ledig wie die meisten seiner berühmten Zeitgenossen, ein Rafael, Michel Angelo, Leonardo.

Auch in einem weitern Stücke sind unsere heutigen Artisten bürgerlicher. Sie bleiben nach einer Anzahl von Studienjahren fast alle ruhig sitzen an Einem Orte, während die Cinquecentisten meistens ewig herumwandern und es besonders unserm florentiner Renommisten nirgends Ruhe läßt und er überall Aufträge sucht und zu ihrer Ausführung seinen Aufenthaltsort verändert, während man jetzt die Bestellungen ruhig von der Post entgegennimmt. Eine überraschende Aehnlichkeit mit dem heutigen hat dagegen das collegiale Verhältniß der Künstler unter sich, wie es zu unsers reiselustigen Goldschmieds Zeiten war. Es ist nicht viel erbaulicher geworden und wird es schwerlich jemals werden, wenn man auch nicht zu Faustschlägen und Degenstößen oder gar zum Gift, wie damals, seine Zuflucht nimmt. Wie er beständig mit Rivalen zu kämpfen hat, beständig sich nicht anerkannt genug findet, sich durch Kabale verdrängt glaubt, so geschieht das mehr oder weniger noch heute. Heute noch gibt es Prahler genug wie Cellini, die einem sehr unausstehlich werden können und die in ihrem schrankenlosen Egoismus nichts neben sich anerkennen mögen.

Die Künstler sind eben mehr Menschen als alle andern, aber nicht nur im schlechten, auch im guten Sinne; sie sind auch edelmüthigen Auswallungen zugänglicher, niemand weiß begeisterteren Beifall zu spenden als eben sie. So ist es ja rührend zu beobachten, mit welcher scheuen Hochachtung unser Cellini vom großen Michel Angelo spricht, wie ein Lob aus solchem Munde ihm mehr gilt als das aller Könige.

Und wenn wir nun einmal seine übeln Seiten nicht verschweigen konnten, da sie sich dem Leser seiner Biographie so bald aufdrängen, ist es denn nicht minder der Mühe werth, daß man auch von seiner Thatkraft, seinem Muthe, seinem rastlosen Fleiße, von der achtlosen Uneigennützigkeit spreche, mit der er über der Kunst alles Uebrige in die Schanze schlägt, von dem herrlichen Fieber der Production, das ihn Tag und Nacht verzehrt, ihn antreibt, nach Vervollkommnung zu streben. Es gibt davon ein reizendes Beispiel seine Erzählung vom Guß des Perseus, welche sich in ihrer Lebendigkeit fast wie das spannendste Drama liest und seine eigene Ueberzeugung von der Vortrefflichkeit des Werks uns unwillkürlich mittheilt. Der Augenschein freilich lehrt einem in der Loggia dei Lanzi in Florenz, wo es noch heute steht, daß er sich getäuscht hat; es ist eine ziemlich nüchterne Figur. Um so vortrefflicher sind dagegen seine Gefäße, überhaupt die Arbeiten, die er zur Verzierung übernommen. Seine reiche Phantasie, sein energisches Lebensgefühl, sein feiner Geschmack sind hier ganz am Platze, und man bemerkt nichts von jenem Mangel an Innigkeit und seelenvoller Liebe, der, wie er einem in seinem Leben auffällt, so auch in den Kunstwerken sich vorfindet, von der Bravour, der Renommage verdrängt wird; man vergißt ihn leicht über der Lebendigkeit und der reichen, geschmackvollen Pracht sowie der Energie und dem Geist, den er in jeden einzelnen Theil wie in sein ganzes Werk legt, sodaß sie seinen Namen mit Recht auf die Nachwelt gebracht haben.

[illegible]

[illegible]

Philine.
(Wilhelm Meister.)

Leider ist die Thatsache nicht zu bestreiten, daß bisweilen eine kleine Differenz besteht zwischen den Neigungen der Welt und den Forderungen der strengen Moralisten. Zu den letztern gehört aber theoretisch die ganze anmuthreichere Hälfte des Menschengeschlechts, sobald es sich um unsere Heldin handelt, und es ist das einer der seltenen Fälle, wo ihre und der Männerwelt Anschauungen einmal durchaus nicht zu vereinigen sind; denn diese zeigt bedauerlicherweise eine unbegreifliche Schwäche für die abscheuliche Uebelthäterin.

Hören wir erst einmal die Beschwerden, die vom kleinen Häuflein der Sittenrichter — beinahe hätten wir gesagt: der „Philister" — und der unzählbaren Schar der schönen Anklägerinnen vorgebracht werden, und sehen wir dann zu, was sich etwa zur Entschuldigung der Sünderin vorbringen läßt.

Philine, heißt es da, ist eine in allen Stücken unmoralische Person; sie ist falsch, boshaft, durch und durch frech und impertinent. Sie lügt, nascht, kokettirt, stellt ihre Pantoffeln unter anderer Leute Betten und stört dadurch deren Seelenfrieden, küßt Männer auf offener Straße anstatt im Privatleben, sie heuchelt, schmeichelt, ist perfid und treulos, vollkommen ausgeschämt, sie hat kurz und gut eine niedrige Seele! Ihre Gegenwart schon ist eine Beleidigung für jede ehrliche Frau, ruft der tausendstimmige Chor. Wenn sie wenigstens ernsthaft bereute, wie jene berufene Gräfin ins Kloster ginge, da sie nicht mehr schön ist, und sogenannte moralische Romane auf unmoralische folgen ließe. Aber — Schneiderin zu werden, pfui, wie gemein!

Letzteres ist nicht zu entschuldigen, wir geben es zu. Im übrigen lebt die Sünderin einmal und zwar in gewissem Sinne vielleicht mehr als irgendein anderes Wesen, das der Dichter geschaffen; ja, sie hat eine wahrhaft unsterbliche Lebenskraft, sie wird uns alle überleben; sämmtliche kritische Federn Europas, gegen sie gezückt, könnten sie nicht umbringen, alle Tinte und Druckerschwärze beider Hemisphären reichen nicht aus, sie zu ersäufen oder auch nur sie dauernd anzuschwärzen, alle Orgeln und Kirchenglocken von Königsberg bis Basel übertönen nicht ihr fröhliches Gelächter. Nun heißt es zwar in der Bibel: „Wehe dem, der Aergerniß gibt" — wie viel hat sie dessen allen schönen Seelen in weißen und blauen Strümpfen gegeben! Ob freilich selbst der Mühlstein an dem Halse bei so fabelhaft leichter Waare helfen möchte?

Auf der andern Seite hat sie so viele Leute entzückt, daß hier wenigstens die Wage wieder still steht. Vielleicht compensirt sie ihre schlimmen Fehler ja auch durch einige angeborene Tugenden. Denn welche zu erwerben, macht sie allerdings wenig Anstalten. Zunächst ist sie offenbar genial, sie behandelt das Leben mit der vollendeten Freiheit einer Meisterin; was tausend andern sehr schlecht stände, ziert sie sogar. Ihr Charakter ferner zeigt nicht die leiseste Spur von Sentimentalität; es ist lauter Sonnen- und gar kein Mondschein in ihr, obgleich wir von ihr hören:

> Singet nicht in Trauertönen
> Von der Einsamkeit der Nacht;
> Nein, sie ist, o holde Schönen!
> Zur Geselligkeit gemacht —

glücklicherweise, ohne sich mit Klavierspiel zu begleiten, dessen sie sich niemals schuldig macht. Dann ist sie offenbar uneigennützig, trotz der schlauen Rettung ihres Koffers, freigebig mit eigenem und fremdem Gelde. Ferner mitleidig: sie allein bleibt bei Wilhelm, als er verwundet liegt. Sie ist aufrichtig und wahrheitsliebend in hohem Grade, wenigstens, wo es ihr passend dünkt. Ihr Genie wurzelt im Ueberfluß des gesunden Menschenverstandes: obgleich kalt und fein, klug und schlau, ohne andere zu schädigen, ist sie doch frisch, heiter und froh in einem Grade, daß sie aller Welt wie ein lachender Morgen erscheint. Scharfsinnig, witzig, neckisch und muthwillig ist das, was ihr heuchlerisch, perfid, treulos, boshaft nennt!

Es ist wahr, zur Vestalin ist sie nicht geboren, und da sie's nicht ist, heuchelt sie's auch nicht; sie paßt besser zur Göttin der Freude und Laune, sie hat den Anstand eines Kätzchens, und das Ernsthafteste wird ihr zum Spiel, aber immer zum lieblichen. Sie ist durch und durch weiblich, mehr Frauenzimmer als irgendein anderes auf der Welt. Wollt ihr sie in Marmor gebildet sehen? Geht in die Tribüne von Florenz und seht euch die Mediceische Venus an: diese ist ihr Porträt. Vor Zeiten hieß sie Phryne, lebte in Athen, verkehrte mit Alcibiades und verstand sich nebenbei auch trefflich mit der Sokratischen Schule. Goethe hat sie auf den Schwingen der Poesie ins Deutschland des achtzehnten Jahrhunderts hinübergetragen, des Marmors Weiße hat sich in Puder, die Muschel in einen Reifrock verwandelt. Aber die Göttin der Wonne, des fröhlichen Spiels ist sie geblieben; noch umfließt unvergängliche Anmuth die ebenso feine, zierliche als elastische, schnellkräftige Gestalt, überglänzt alles, was sie sagt und thut, nimmt alle gefangen, die sich ihr nahen, und entwaffnet selbst die strengsten Richter durch das Lächeln ihres Mundes; denn verurtheilt wird sie nur, wenn sie gerade nicht da ist!

Es gibt zweierlei Arten, den Menschen wohlzuthun durch die Schöpfungen der Kunst. Die erste erhebt uns die Seele, erweitert und befreit sie, indem sie uns durch Hoheit und Ernst erschüttert. Aber die zweite erreicht diese Befreiung der Seele durch den Scherz, die Grazie und Anmuth, sie bleibt mit den Charitinnen im Bunde, so ungezogen und übermüthig sie sein mag. Diesem Bunde wird Goethe's Philine niemals untreu, so wenig genau sie es sonst mit allen andern Verbindungen nehmen mag, und darum soll sie auch losgesprochen sein; denn Anmuth und Schönheit sind ja auch Tugenden, sogar die wirksamsten: sie nehmen uns gefangen, aber blos, um uns erquickt und mit befreiter Seele, wenn auch mit ewiger Sehnsucht nach ihnen zu entlassen.

Haben wir des lieblichen Geschöpfes Rechtfertigung nach Kräften versucht, so müssen wir freilich bekennen, daß die des Malers ungleich schwieriger wird. Philine ist mit eine der schwersten Aufgaben für die bildende Kunst, eben weil sie Goethe so bis ins kleinste Detail vollendet gemacht hat.

Wir treffen sie beim Spaziergang, den sie mit Laertes und

Wilhelm in die Mühle angestellt, sich dort im Grünen niedergelassen, Kränze geflochten und eben jedem der Freunde einen Kuß gegeben hat, fragend: „Welcher schmeckt jetzt am besten?“ Vom Dichter haben wir blos erfahren, daß sie reiches blondes Haar, blaue Augen, eine kleine, zierliche, üppige Figur und allerliebste Händchen und Füßchen besitzt. Diese blauen Augen werden wol etwas vom stechenden, flackernden Glanze des Brillanten, etwas Scharfes und Neckisches gehabt haben; denn niemand besitzt feinere, durchdringendere Menschenkenntniß als die kleine Spitzbübin. Weich und rund in allen Bewegungen, muß ihr die lustige Tücke, die Abwesenheit jeder Art von Schüchternheit, das bewegliche, unstete Wesen nur um so besser gestanden, nur um so mehr dazu beigetragen haben, einen von der muthwilligen Gauklerin nicht loszulassen.

[illegible] aber [illegible] der [illegible]

[illegible]

[illegible] Wenn aber [illegible] in allen Verhältnissen [illegible]

[illegible] gewonnen haben, [illegible]

[illegible] zu kommen.

Gretchen.

Gretchen.

(Faust.)

Ist in Faust das höchste Streben des Menschengeistes dargestellt, so in Gretchen die bescheidene Beschränkung in ihrer tiefen Liebenswürdigkeit. Die Neigung dieser einfachen Natur zu dem, der so ganz ihr Gegentheil, für dessen Wünsche die Welt zu enge ist, bildet einen bezaubernden Contrast, so wahr und tragisch zugleich, daß ihn Goethe am allerwenigsten der Berechnung, sondern blos dem Leben und der Beobachtung desselben verdanken konnte; wenn irgendwo, so finden wir hier Erlebtes dargestellt und zur höchsten Kunstschönheit gestaltet.

Wollte man der Darstellung unserer meisten Schauspielerinnen glauben, so wäre Gretchen eine überaus sanfte und schwächliche, sentimentale Person, die hauptsächlich sich mit Reflexionen über den Zustand ihres Herzchens beschäftigt und nebenher auch wäscht und strickt, wenn ihr die Träumerei oder der Spiegel gerade Zeit dazu lassen. Diese Art von Auffassung ist zwar, wenn man will, sehr modern, etwas weniger aber dem Charakter entsprechend, wie ihn der Dichter gezeichnet hat! Bei ihm erscheint uns Gretchen vielmehr als eine durchaus naive Natur, die an alles eher kommt, als über ihre eigene Empfindungen zu reflectiren, sondern dieselben sorglos und mit der ganzen Heftigkeit eines ungebrochenen Naturells ausspricht, wie sie ihr gerade kommen. Die Sicherheit des Instincts ist so stark, die Bestimmtheit ihrer Natur ist so groß, daß sie immer handelt, ohne lange zu überlegen, und höchstens sich besinnt, wenn sie — bereits gehandelt hat. Jene Naturwüchsigkeit des Charakters ist gerade das, was Goethe an ihr mit solcher Meisterschaft schildert und was ihr eine so unvergleichliche Frische gibt. Sie ist so aus Einem Stück, so durch und durch wahr und arglos, daß sie sich gar nicht vorstellen kann, wie jemand anders sei; oder wenn sie sich's dennoch endlich zugeben muß, so hat sie auch sofort den äußersten Abscheu vor einer solchen Person, einen Abscheu, der im Grunde auf die Furcht vor der Ueberlegenheit eines weniger offenen Charakters basirt ist und auf die richtige Ahnung, daß man mit viel Reflexion am Ende zu gar keiner starken Empfindung mehr, am allerwenigsten zu der des Wohlwollens kommen könne, wie sie dies Mephistopheles gegenüber sofort herausfühlt.

Die Bestimmtheit und Einfachheit des Charakters malen sich überhaupt am besten in ihrem Verhältniß zu den Personen. Sie mag entweder diese ganz oder gar nicht. Zwischen Neigung und Abneigung ist bei ihr kein Zwischenraum, weil sie eben nie mit dem erwägenden Verstande, sondern durchaus nur mit der Empfindung an die Dinge herangeht. Wo letztere nicht mit ins Spiel kommt, sondern nur der Verstand, da wird sie eher hart wie da, wo sie über andere urtheilt.

In dieser Schrankenlosigkeit des Gefühls liegt aber die Gefahr ihres Falles; weil sie immer ganz bei dem ist, was sie gerade thut oder denkt, so kennt sie auch gar keine andere Pflicht mehr, da ihr die Liebe, dieses mächtigste aller Gefühle, entgegentritt, als — diesem schönen Triebe unbedingt zu gehorchen. Neben ihm verschwindet ihr jede andere Rücksicht in nichts. Die Art aber, wie sie dies äußert, ist von einer so hinreißenden Liebenswürdigkeit, es offenbart sich ein solcher Reichthum des Herzens darin, eine solche Abwesenheit jedweden Egoismus, daß man davon bezaubert wird. Sie gibt dem Geliebten alles, was sie kann, das Beste, was sie hat: sich selbst! Wie sie für ihn lebt, so würde sie auch für ihn sterben. Es liegt in dieser Wonne des Opferns etwas unsaglich Rührendes, wie es sich am liebenswürdigsten vielleicht in ihrer Sorge um Faust's Seele zeigt. Der Glaube an Gott und der an den Geliebten schmilzt bei ihr zunächst fast in eins zusammen; da sie die Kluft zwischen beiden nicht mehr auszufüllen vermag, so vergeht sie nothwendig in dieser Theilung, diesem Zwiespalt ihrer Empfindung.

Ist eine solche energische Natur an sich schon poetisch, so verstärkt Goethe noch deren Zauber durch die Unschuld, die gänzliche Unerfahrenheit ihres Wesens. Gretchen zählt höchstens sechzehn Jahre, älter ist ein solches Wesen kaum denkbar. Den Mangel an Geist, Witz oder Humor ersetzt sie durch die köstlichste aller weiblichen Gaben: die Anmuth und das Wohlwollen eines warmen Herzens, die alles verschönern, was sie sagt und thut.

Eng mit ihrer Unschuld verknüpft ist auch die Reinlichkeit, Zierlichkeit und Sauberkeit des ganzen Wesens; sie gefallen uns doppelt, weil sie eben der Spiegel einer reinen Seele, von dieser nur die Aeußerung sind. Und doch haftet sich an diese Sauberkeit bereits eine leise Spur von — Gefallsucht; wie käme sie sonst beim Empfang des Schmucks zu dem Bedauern:

Darf mich, leider, nicht auf der Gassen,
Noch in der Kirche mit sehen lassen.

Gefühlsmenschen werden vorzugsweise captivirt durch das, was ihre Phantasie beschäftigt. So ist es denn auch das Fremdartige, Vornehme, Dreiste, was Gretchen zuerst an Faust auffällt:

Ich gäb' was drum, wenn ich nur wüßt'
Wer heut der Herr gewesen ist,
Er sah gewiß recht wacker aus
Und ist aus einem edeln Haus;
Das konnt' ich ihm an der Stirne lesen —
Er wär' auch sonst nicht so keck gewesen.

Die Neugierde fesselt sie also zunächst an ihn, die beschäftigte Phantasie läßt sie nicht mehr von ihm wegkommen, wie sie dies so naiv in den Worten ausdrückt:

Gesteh' ich's doch, ich wußte nicht was sich
Zu Euerm Vortheil hier zu regen gleich begonnte;
Allein gewiß, ich war recht bös' auf mich,
Daß ich auf Euch nicht böser werden konnte.

Ein starkes Naturell bedingt eine gewisse Sinnlichkeit; dies ist auch bei Gretchen der Fall, so kindlich rein wir sie auch finden und so gänzlich unbewußt sie sich derselben auch ist; dies macht sie im Gegentheil nur um so wehrloser diesem starken Triebe gegenüber, wie sie dies am bezeichnendsten wol in den Worten ausspricht:

Gretchen.

> Seh' ich dich, bester Mann, nur an,
> Weiß nicht, was mich nach deinem Willen treibt —

ihr Blut läßt sie in seiner Nähe zu gar keiner Besinnung mehr kommen, sie hat keinen Willen mehr als den seinen!

Der Künstler hat sie uns dargestellt in der Scene, da sie aus der Kirche kommt und, wahrscheinlich eben von Faust angeredet, ihn so bezaubernd schnippisch hat abfahren lassen, ohne es gleichwol über sich zu vermögen, im Abgehen nicht — noch ein wenig zurückzublicken, wenn auch noch so indignirt. Da sie in der Vorstadt wohnt, so war es wol erlaubt, sie das Kirchlein auf der Höhe besuchen zu lassen, von wo man den Ueberblick über die alte Reichsstadt hat, die diesen strahlenden Juwel beherbe.gt.

Wir sehen diesen aber nicht nur in thaufrischem Glanze, wir sehen ihn auch in der Nacht des Unglücks, die über ihn hereingebrochen. Eine so einfache Natur wie Gretchen muß neben einem Faust zu Grunde gehen, es ist das ihr nothwendiges Los. Sie kann ihm ebenso wenig widerstehen, als ihn festhalten — sie kann ihn auch nicht verlieren, ohne vom Gewicht dieses Verlustes vernichtet zu werden. Der Dichter entwickelt diese Nothwendigkeit mit einer Consequenz, daß es unser Herz erschüttert, wenn wir nacheinander sehen, wie Mutter, Bruder, Kind in den Abgrund gezogen werden, bis für die Aermste selbst die Nacht des Wahnsinns eine Wohlthat und Linderung ist. Daß sie auch hier noch ahnt, wie sie für ihren Fehl büßen muß, und trotz aller Liebe Faust läßt, um das Gericht zu erleiden, ist in der Geradheit und Wahrheit ihrer Natur ebenso tief begründet, als es nur poetisch gerecht ist, wenn ihr die Verbrechen, welche die grenzenloseste Liebe sie begehen ließ, durch die ewige Barmherzigkeit eben dieser Liebe und ihrer freiwilligen Buße halber verziehen werden.

> [illegible] der Mann, nur an,
> [illegible] man nach seinem Munde [illegible] —

[illegible] in seiner Ruhe zu gar keiner [illegible] hat keinen Willen mehr als den seinen!

[illegible] uns dargestellt in der [illegible], wo sie [illegible] und, wahrscheinlich eben von Faust [illegible] berauschend [illegible] hat [illegible] lassen. [illegible] über sich zu vermögen, im [illegible] nicht — [illegible], wenn auch noch so [illegible]. [illegible] der Reinheit wohnt, so war es wol erlaubt, sie [illegible] auf der Höhe besuchen zu lassen, von wo man den [illegible] über die alte Reichsstadt hat, die diesen strahlenden [illegible] beherbergt.

Wir sehen diesen aber nicht nur in [illegible] Glanze, wir sehen ihn auch in [illegible] des [illegible], die über ihn hereingebrochen. [illegible] einfache Natur wie Gretchen [illegible] einem [illegible] Grunde gehen, es ist [illegible] kann ihm ebenso wenig widerstehen, als ihn [illegible] kann ihn auch nicht verlieren, ohne [illegible] Gewicht [illegible] vernichtet zu werden. Der [illegible] erwächst [illegible] Nothwendigkeit mit einer Consequenz, daß [illegible] erscheint, wenn nur nacheinander [illegible], wie Mutter, Bruder, [illegible] in den Abgrund gezogen werden, [illegible] die [illegible] selbst die Form des Wahnsinns eine [illegible] ist. Daß sie auch hier noch ahnt, wie sie [illegible] ihren [illegible] muß, und trotz aller Liebe Faust [illegible] um das Gericht zu [illegible], ist in der Geradheit und [illegible] ihrer Natur ebenso tief begründet, als es [illegible] ist, [illegible] ihr die Verbrechen, welche die [illegible] [illegible] durch die ewige Barmherzigkeit eben [illegible] und ihrer freiwilligen Buße [illegible] werden.

Fr. Pecht gez.

Charlotte.

F. A. Brockhaus' Geogr.-artist. Anstalt, Leipzig

Charlotte.

(Die Wahlverwandtschaften.)

Wenn das größte Verdienst des Künstlers darin besteht, der Natur den Spiegel vorzuhalten, uns vor allen Dingen lebendige Menschen, keine abstracten Schemen oder sogenannte Ideale zu zeichnen, diesen Menschen eine ganz bestimmte Physiognomie zu geben, also uns nicht nur ihre besondere Naturanlage, sondern auch die Wirkungen, die Stand, Bildung, Schicksal auf dieselbe ausgeübt, zu zeigen, so ist Charlotte eine der gelungensten, weil individuellsten, Schöpfungen nicht nur Goethe's, sondern der deutschen Dichtkunst überhaupt.

Sieht man ihr nicht die gnädige Frau Baronin auf Schritt und Tritt an? Aber nicht etwa die hochnäsige Frau des rohen Landjunkers, sondern die feingebildete, schön und voll entwickelte Dame, die im Glanze eines Hofs früh die vollendetste Herrschaft über sich selbst gelernt hat. Sie ist das vernünftigste Frauenzimmer, das uns allen wol jemals vorgekommen ist, ohne darum an eigenthümlicher kühler Anmuth verloren zu haben. Die Haltung und Gelassenheit, die einem am Hofe zur andern Natur werden, sie waren bei ihr gleich in der Anlage des Charakters und haben sich daher dort aufs schönste entwickelt, ohne demselben irgendwie sein individuelles Gepräge zu nehmen. Dabei ist ihr das Maßvolle nicht etwa nur, wie so oft in jener Sphäre, eine Maske, hinter der sich die brennendsten Leidenschaften verstecken; es ist eine schöne Harmonie in ihrer Natur und erhöht ihre Weiblichkeit. Diese zeichnet sich aber auch in ihrer leichten Verletzbarkeit, soweit sie dieselbe auch anscheinend meistert. Wie reizend ist nicht der Zug erzählt, da sie, emsig beschäftigt mit ihren Parkanlagen, auf einmal die Lust daran verliert, da man ihr eine derselben und zwar mit Recht tadelt!

Die außerordentliche Klarheit, Bewußtheit und Verständigkeit dieses Charakters bildet den eigenthümlich reizendsten Gegensatz zum unbewußten, aber vielleicht genialen Wesen Ottiliens, das mehr süddeutscher Art ist, während wir in Charlotte eine — protestantische Norddeutsche durch und durch erblicken.

Ebenso charakteristisch schön ist der Mangel aller Sinnlichkeit in ihr geschildert, während sie doch sicherlich tiefe Neigungen durch die Schönheit und den natürlichen Adel ihres Wesens einzuflößen fähig ist, wenn auch vielleicht keine Leidenschaften so berauschender Art wie ihre eigenthümlich magisch anziehende Rivalin. Die Abwesenheit jeder Eifersucht bei ihr ist nicht minder individuell: ein Mangel, der freilich nur durch ihre immerhin vorhandene, wenn auch bezwungene Neigung zum Hauptmann einigermaßen ausreichend motivirt wird, da sonst schwerlich irgendeine Frau der Welt in ihrer Lage Ottilien ohne Unwillen und Abneigung betrachten könnte.

In dieser anscheinenden Abwesenheit aller Leidenschaft, in dieser milden Temperatur ihres ganzen Wesens, gleich fern von Kälte wie von Glut, liegt etwas so Beruhigendes, daß es das hastige, hitzige, sanguinische Wesen Eduard's an ihrer Seite nur um so auffallender hervorhebt. Der Dichter hat ihre Figur so fein und vollendet ausgemeißelt, daß man immer wieder an die stille Würde und das Ebenmaß einer antiken Marmorgöttin erinnert würde, wenn nicht die welterfahrene, moderne Hofdame ebenso stark in ihr wäre.

Ohne Zweifel ist es die totale Abwesenheit des Naturells in ihr, das bei Ottilie so ausgesprochen und alleinbestimmend hervortritt, wenn wir trotz ihrer Tugenden, besonders ihrer Vernünftigkeit, uns so bald an ihre Mängel, an die Lücken ihres Wesens erinnern, an eine gewisse Phantasielosigkeit, an das völlige Ausbleiben des Pikanten, Ueberraschenden bei ihr;

denn man kann mit fast mathematischer Sicherheit berechnen, was sie in gewissen Lagen thun, sagen, lassen wird. Sie ist weder witzig, noch humoristisch, dafür glücklicherweise aber auch nicht sentimental oder pathetisch überschwenglich; es ist eine gewisse nüchterne Zweckmäßigkeit mit ihrem feinen Takte, mit ihrer strengen Gewissenhaftigkeit vereinigt, die ihr norddeutsches Wesen ungemein fein charakterisiren. Wie sie zu den seltenen Frauen gehört, die vernünftig sind, so ist sie auch gerecht und billig: sie weiß den schönen Schwächen bei andern Rechnung zu tragen und ist doch streng gegen sich, was alles unsere Achtung vor ihr ebenso erhöhen muß, als es die Liebe vielleicht mindert, da ihre Tugenden ihr offenbar nicht übermäßig viel Anstrengung kosten. Wer wollte auch zweifeln, daß sie sich in das Schickliche mit um so mehr Leichtigkeit fügt, da sie selbst das Widerwärtige mit Anstand und Ruhe zu ertragen gewußt, wie wir aus der Art sehen, mit der sie in der ersten Ehe mit einem ältern und ungeliebten Manne ausgehalten hat.

Frauen, die also wie sie wenig Naturell, ein nicht sehr wirksames Sinnenleben, aber viel Intelligenz haben, sind meist sehr thätig, und so sehen wir auch Charlotte beständig beschäftigt, sehen sie pflanzen, bauen, schaffen, ohne daß uns diese Thätigkeit jemals recht fesselte, da ihr eben die Intuition, das eigentlich Originelle und Productive im Leben wie im Denken vollkommen abgeht und sie hierin von Ottilie überall übertroffen wird, obwol diese gar nichts davon ahnt und fast demüthig ihre Ueberlegenheit anstaunt und verehrt.

Bei jenem Pflanzen und Schaffen finden wir denn auch Charlotte dargestellt, in ihren Anlagen sitzend, wie wir sie gleich im Beginn des Romans kennen lernen, und wol auf neue Wege und Beete, Lauben und Gehege denkend, von denen wir nur zu sehr fürchten müssen, daß sie alle ein wenig knapp und mesquin aussehen werden. Sie ist blond, von jener sanften Art, daß man sich selbst das Blut ein wenig weißlich denkt, groß und voll von Formen, ohne lebhafte Nervenreizbarkeit; mit mehr Schönheit und Majestät als eigentlicher Anmuth, war sie offenbar besonders geeignet, einem jüngern Manne wie Eduard zu imponiren und ihn so lange zu fesseln, bis er sie besaß oder vielmehr zu besitzen glaubte, wo denn freilich die Ahnung in ihm aufdämmern mußte, daß, wer sich selbst so vollkommen besitzt, es gerade darum doch nicht in der Gewalt habe, sich ganz und voll einem andern hinzugeben und so ihn aufs höchste zu beseligen.

F. Pecht gez.

Mignon.

F. A. Brockhaus' Geogr.-artist. Anstalt, Leipzig

Mignon.

(Wilhelm Meister.)

Durch wessen Seele wäre nicht zeitweise jene mächtige Sehnsucht, jenes unerklärliche Heimweh gezogen, das bei allen nordischen Völkern in der Form des geheimen Zugs nach Süden auftritt! Vielleicht weil Licht und Wärme ebenso viel Anziehungskraft auf uns ausüben, als Kälte und Dunkel uns abstoßen; jedenfalls aber gilt diese Sehnsucht einem Lande, einer Existenz, wo die blöde Alltäglichkeit des Lebens nicht vorhanden ist, der rauhe Kampf desselben ausgetobt hat, ein düsterer Himmel sonnigem Glanz gewichen ist, wo Ruhe, Friede und Schönheit herrschen, das Herz in befriedigter Liebe schwelgt, die Pulse in rascher Seligkeit, nicht in wüster Leidenschaft schlagen! Die Griechen haben dieses Land ins Goldene Zeitalter, das mittelalterliche Christenthum hat es gar in den Himmel verlegt, die moderne Romantik nennt es Italien und kommt damit der Wahrheit jedenfalls näher. Denn jene nordische Sehnsucht geht eigentlich ganz und gar nicht nach dem Himmel, sondern nach einer schönern Erde; sie entstammt der Jugend und dem glühenden Wunsch nach Erfüllung, nicht der Entsagung und dem Ueberdruß des Alters; sie abstrahirt ganz und gar nicht von Wein und Gesang und noch weniger von Küssen, sondern will nur mehr Grazie und Anmuth, mehr Schönheitszauber und holden Reiz dabei haben.

Goethe empfand diese Sehnsucht bekanntlich in hohem Grade schon in dem reichen und üppigen Frankfurt, an den blühenden Ufern des Rhein; in der dürftigen und kümmerlichen Spärlichkeit des thüringischen Hochlandes, abgeschlossen von aller Kunst und Formenschönheit, steigerte sich diese Sehnsucht bis zu einem fast unerträglichen Grade, wie er uns ja selber erzählt. Der künstlerische Ausdruck derselben ist Mignon, dieses mystische, träumerische, geheimnißvolle Wesen, unbestimmt in seinen Umrissen, anscheinend zweck- und ziellos und doch von so zauberischer Wirkung; sie ist die Verkörperung jener Art von Sehnsucht, jenes Heimwehs nach dem Süden, wie es alle die empfinden, die ihn noch nicht kennen. Auch wenn man ihn kennt, empfindet man ein mächtiges Heimweh nach ihm; aber es ist anderer Art und spricht sich in Goethe's „Römischen Elegien" viel besser aus. Diese beiden Gefühle verhalten sich zueinander wie die erste Liebesahnung eines Herzens mit ihrer Grenzenlosigkeit und ihrer Unbestimmtheit, ihrem holden Drang, und die Sehnsucht nach einem fernen Glücke, das man einst in vollen Zügen genossen, ohne doch bis zur Uebersättigung gekommen zu sein.

Mignon ohne die Lieder, die ihr Goethe in den Mund legt, durch die er der Schilderung des Theaterlebens, welche den Vordergrund seines Romans einnimmt, eine so glanzvolle, mystische und wunderbar rührende Perspective hinzufügt, erschiene als eine echte kleine, wilde Italienerin in der Fremde, nicht mehr und nicht weniger, mit so großer Wahrheit gezeichnet, daß sie oft eigentlich eher abstoßend wirkt, gerade so wie die meisten Pflanzen des Südens glänzende, aber harte, stachelige Blätter zeigen. Die Gesänge erst sind die Blumen mit ihrer fremden, glühenden Farbenpracht. Gegenstand der Poesie durch ihr Naturell, weiß sie aber selbst nichts davon, ist im Gegentheil in ihrem unentwickelten, herben und starren, verschüchterten und wieder leidenschaftlichen Wesen ein Räthsel für sich und andere, das Leute wie Jarno allerdings verschroben und des Lösens nicht der Mühe werth finden müssen. Ja, in dieser Vorliebe für Knabentracht und anderm läge sogar etwas Widerstrebendes, wenn es der Dichter nicht wieder aufhöbe durch den Ernst und die Tiefe ihres Wesens, durch eine Macht der Leidenschaft, wie sie allen übrigen Personen des Romans abgeht, und so auf einmal die ganze leichtsinnige Theaterwirthschaft in eine höhere tragische Sphäre hinaufhebt. Durch diese starke Naturkraft in Verbindung mit dem Ahnungsvollen in ihr, durch die schwermüthige Sehnsucht nach der ungekannten Heimat und die wunderbare Gewalt, mit der er sie dieselbe in den Liedern aussprechen läßt, verleiht er ihr eine so grenzenlose Anziehungskraft, umgibt sie mit einer so unwiderstehlich berauschenden Atmosphäre. Oder wen durchschauerte nicht eine Ahnung des unnennbaren wollustvollen Zaubers jenes herrlichen Landes, wenn sie uns singt:

> Kennst du das Haus, auf Säulen ruht sein Dach,
> Es glänzt der Saal, es schimmert das Gemach,
> Und Marmorbilder stehn und sehn mich an:
> Was hat man dir, du armes Kind, gethan? —

wer versetzte sich nicht in Gedanken auf eine jener schauerlich-großartigen Straßen, die von der Höhe der Alpen herab in dasselbe führen, wenn sie fortfährt:

> Kennst du den Berg und seinen Wolkensteg?
> Das Maulthier sucht im Nebel seinen Weg,
> In Höhlen wohnt der Drachen alte Brut,
> Es stürzt der Fels und über ihn die Flut.

Trägt uns da die Phantasie nicht gleich an den Absturz der Splügenstraße, wo der Donner des Wasserfalls von Pianazzo neben dem Weg sich in das Geläute der Maulthiere mischt und aus der Tiefe herauf eine weiche balsamische Luft nns entgegenweht!

Noch machtvoller spricht sich aber dieses Heimweh im Verein mit der keimenden Leidenschaft, das Gefühl der gänzlicheu Isolirung und Fremdheit mit seiner erdrückenden Schwere, seinem tödlichen Weh in dem Liede aus:

> Nur wer die Sehnsucht kennt
> Weiß, was ich leide!
> Allein und abgetrennt
> Von aller Freude,
> Seh' ich ans Firmament
> Nach jener Seite.
> Ach! der mich liebt und kennt
> Ist in der Weite.
> Es schwindet mir, es brennt
> Mein Eingeweide.
> Nur wer die Sehnsucht kennt
> Weiß, was ich leide!

In diesen wenigen Worten liegt eine Kraft, ein Naturlaut, ein Aechzen des Schmerzes, die sie dem Schönsten beigesellen, was die Lyrik je geschaffen.

In der ganzen Situation des bezaubernden Geschöpfs, das bei solcher unbeschränkten Liebesfähigkeit, bei so tief ernstem, leidenschaftlichem Charakter in der ganzen weiten Welt keine Seele findet, die nur annähernd seinen Empfindungen entgegenkäme, da Wilhelm auch nichts anderes als freundliches Mitleid für dasselbe hat, ja es bei seiner Verbindung mit Natalie jede Hoffnung verliert, ihn zu gewinnen, in diesem Heimweh und der Unfähigkeit, die Fremde zu verstehen und von ihr verstanden zu werden, wodurch es mit all seinen heftigen Empfindungen wie in einem Kerker verschlossen bleibt: in dem allen liegt etwas so tief Tragisches, so Erschütterndes, daß man es beinahe als eine Erleichterung empfindet, wenn die eingepreßte Glut die Hülle endlich verzehrt hat und sich in jenen tragischen Worten Luft macht, die sie äußert, als ihr Natalie sagt, ihr Herz klopfe wieder so sehr: „So laß es brechen, es schlägt schon zu lange" — oder in dem himmlischen Liede, bei dessen Vortrag sie uns der Künstler vorführt:

So laßt mich scheinen, bis ich werde;
Zieht mir das weiße Kleid nicht aus!
Ich eile von der schönen Erde
Hinab in jenes feste Haus.
Dort ruh' ich eine kleine Stille,
Dann öffnet sich der frische Blick;
Ich lasse dann die reine Hülle,
Den Gürtel und den Kranz zurück....

Goethe fühlt die Gerechtigkeit der Frage: was hat diese Creatur verbrochen, daß sie so unerhört leiden muß, und — sucht sie mit der Hinweisung auf den Himmel und durch die offenbar später deshalb gedichtete Geschichte von ihrer Abstammung zu beantworten. Daß er aber diese geheimnißvolle Figur in seine Schilderung verwob, das erhöht ihren künstlerischen Werth um so mehr, je häufiger wir ja auch in der Natur vor solchen ungelösten Räthseln stehen bleiben müssen, welche die ewige Gerechtigkeit anzuklagen scheinen.

[illegible]

[illegible]

[illegible]

Der Harfner.

(Wilhelm Meister.)

Künstlern, Frauen und dem Volke sind alle Abstractionen zuwider; sie müssen ihnen erst zu Gestalten, zu Personen werden, wenn sie ihr Interesse gewinnen sollen. Die Künstler sind es, die diese Umwandelung vornehmen, Ideen zu Personen verkörpern. Es ist das ihre Natur, nicht Absicht, es wird und es wächst bei ihnen so, sie machen sie nicht, sie brauen sie nicht in der Retorte zusammen, sondern sie entspringen der natürlichen Inspiration. So nahm sich Goethe sicherlich nicht eines schönen Tages vor, die Mignon zu erfinden, sondern sie stand eines Morgens fertig vor seinem Geiste da, so wie sie sein mußte, um jene Sehnsucht nach dem Süden, die er fühlte, nothwendig in noch viel erhöhterm Maße zu empfinden — bei ihm war diese eine Empfindung unter andern, bei ihr geht das Leben darin auf, sie wird von ihr verzehrt.

Nicht immer indessen treten wol die Gestalten dem Dichter gleich in ihrem ganzen Zusammenhang, ihrer Entwickelung klar vor die Seele. So ist wol der Harfner auch gefunden, nicht gemacht; aber die phantastische Bardengestalt wuchs doch wol nur nach und nach ins Buch hinein, sie entwickelte sich wahrscheinlich, unähnlich der Mignon, die gleich fertig auftritt, erst im Verlaufe der Arbeit weiter. Der unheimliche Hintergrund des Wahnsinns, die ganze frühere furchtbare Geschichte in ihrer Verbindung mit Mignon scheinen uns alle erst später allmählich entstanden zu sein; ursprünglich beabsichtigt waren sie schwerlich.

Goethe läßt ihn auftreten mit imponirender Gestalt:

> Sein kahler Scheitel war von wenig grauen Haaren umkränzt, große blaue Augen blickten sanft unter langen weißen Augen-

brauen hervor. An eine wohlgebildete Nase schloß sich ein langer weißer Bart an, ohne die gefällige Lippe zu bedecken, und ein langes dunkelbraunes Gewand umhüllte den schlanken Körper vom Halse bis zu den Füßen.

Er erheitert die Gesellschaft und erhöht ihre Stimmung, er singt,

wie der Vogel singt,
Der in den Zweigen wohnet.
Das Lied, das aus der Kehle dringt,
Ist Lohn, der reichlich lohnet.

Das schmeckt noch nicht nach Verdüsterung, so wenig als wenn er dann Philine bei leichtfertigen Liedern mit seinem Instrumente begleitet. Die kommt erst zu Tage, da ihn Wilhelm in seinem Stübchen belauscht bei dem schönen Liede: „Wer nie sein Brot in Thränen aß"; da spricht er anklagend:

Ihr führt ins Leben uns hinein,
Ihr laßt den Armen schuldig werden,
Dann überlaßt ihr ihn der Pein;
Denn alle Schuld rächt sich auf Erden.

Da taucht also erst die Idee einer zu büßenden Schuld auf und der infolge derselben zu erduldenden Qual:

Wer sich der Einsamkeit ergibt,
Ach! der ist bald allein;
Ein jeder lebt, ein jeder liebt,
Und läßt ihn seiner Pein.

Im Schlosse spricht er dann selbst mit Wilhelm von einem schaudervollen Geheimniß und daß er Unglück bringe, daß er schuldig sei, aber noch unglücklicher als schuldig, und so treten die ersten Spuren des Irrsinns auf, der dann bei der Brandstiftung hell herausbricht. Die ganze Geschichte der psychischen Heilung und des Rückfalls, der sein tragisches Ende herbeiführt, ist mit außerordentlicher psychologischer Feinheit geschildert, ebenso wie die frühere Geschichte des Unglücklichen von wunderbarer poetischer Kraft — aber ganz passen sie zum ersten Auftreten des Mannes schwerlich: man fragt sich doch, wie denn eine so große Verwandlung wie die eines jungen glühenden Mannes in einen Alten mit weißen Haaren im Laufe weniger Jahre vor sich gehen konnte, und muß dann allerdings bezweifeln, daß sie schon bei der ersten Anlage des Romans beabsichtigt war.

Wie dem auch sei, die Gestalt des Unglücklichen und der dämonische Zug in seinem Schicksal sind von rührend poetischer Wirkung, und er hat echte Lebenskraft, was mehr ist, als was wir mit Ausnahme des blonden Friedrich und des Serlo von den meisten andern männlichen Figuren besonders des zweiten Theils, Lothario, Jarno, dem Abbé, zu rühmen wüßten, die alle denen der ersten, vor der italienischen Reise geschriebenen Hälfte des Buchs an Lebenswahrheit bei weitem nicht gleichkommen und daher auch vom Künstler nicht berücksichtigt wurden. Ein weiterer Grund zu dieser Nichtberücksichtigung war wol der Mangel an nationaler Physiognomie dieser Herren. Wie jeder einen Vater haben muß, so braucht auch jeder ein Vaterland, einen Boden, dem er entsprossen und dessen Bedingungen er entspricht. In diesem Betracht machen ihre Figuren einen sonderbaren Eindruck, denn sie sind mit einer unbegreiflichen Sorgfalt vom Dichter aller solcher charakteristischen Züge beraubt worden! Während wir in den ersten Theilen des Buchs uns überall auf deutschem Boden befinden, wenn seiner auch immer nur mit einem gewissen Mitleid gedacht wird, so verliert sich die Geschichte später in ein ganz unbekanntes Land, man weiß beinahe nicht mehr, ist es Sommer oder Winter, kalt oder warm — es taucht ein Kosmopolitismus auf, der in seiner gänzlichen Farblosigkeit etwas durchaus Unkünstlerisches hat. Dergleichen ist nur durch den tiefen Ekel zu erklären, den Goethe vor den politischen Zuständen seines Vaterlandes, die damals freilich die allererbärmlichsten waren, empfinden mußte. Für diese Seelenstimmung aber ist der „Wilhelm Meister" gerade ein merkwürdiges Denkmal, und man empfindet ein tiefes Mitleid mit dem Dichter, der unter so ungünstigen Umständen produciren mußte.

Die Deutschen haben die Untugend, in den Kunstwerken beständig nach den Gedanken, nach der Idee, der Absicht, die den Künstler bei ihrer Hervorbringung leitete, zu forschen und sich darüber den Kopf zu zerbrechen, anstatt unbefangen zu genießen. Keinem Werk ist dies aber nächst dem „Faust" mehr begegnet als dem „Wilhelm Meister", und es muß zugegeben werden, daß der Dichter selbst in Fortsetzung des Werks nur zu viel Veranlassung dazu gab, da er darin anfing, sicherlich hauptsächlich unter Mitwirkung der oben angegebenen Ursachen zu jener symbolisirenden Richtung sich hinzuneigen und die Figuren zu bloßen allegorischen Schemen aufzulösen. In der ersten Hälfte ist davon keine Spur, Goethe selbst sagt zu Eckermann mit allem Recht von ihr: „Man sucht einen Mittelpunkt, und das ist schwer und nicht einmal gut. Ich sollte meinen, ein reiches, mannichfaltiges Leben, das an unsern Augen vorübergeht, wäre auch etwas an sich ohne ausgesprochene Tendenz, die doch blos für den Begriff ist.“ Wären doch nur die letzten Bücher des Werks mit dieser unbefangenen Freude am Gestalten, mit dieser heitern, absichtslosen Schöpferlust geschrieben, anstatt wie jetzt vor lauter Allegorisiren und „Hineingeheimnissen“ das Interesse im Sande verlaufen und den Helden seiner Bestimmung untreu werden zu lassen. Alles einer falschen Kunsttheorie zu Liebe, die sich mit Ekel von der Realität abwendet, und als ein merkwürdiger Beweis, wie das Theoretisiren gerade einer so bewunderungswürdigen Schöpferkraft nicht nur nicht nützt, sondern sie fast immer beeinträchtigt, den Flug des Genius hemmt, der ja nur seinem eigenen innern Gesetz zu folgen braucht.

Fh Pecht sc.

Leonore Sanvitale.

Leonore Sanvitale.

(Torquato Tasso.)

Alles Bedeutende ist unbequem, nichts aber ist unbequemer auf der Welt als das Genie, nichts angenehmer als das Talent. Glücklicherweise ist daher denn auch die Natur mit dem erstern ebenso sparsam, als mit dem andern verschwenderisch umgegangen. Wir verwahren uns daher auch von vornherein gegen die Consequenzen unsers Satzes, wenn etwa viele Leute sich den Maßstab ihrer Bedeutung nach der Größe ihrer Unbequemlichkeit zimmern wollen, wie das wol zu geschehen pflegt und auch oft eingeräumt wird; denn bekanntlich findet jede dreist vorgetragene Prätension Leute, die sie anerkennen, und vielleicht am allermeisten die des Genies. Die Welt glaubt eben gern, was sie wünscht; nichts wünscht sie aber mehr, als bezaubert, gefesselt, erleuchtet, geleitet zu werden, wie das zu thun der Beruf, die Natur genialer Kräfte und Charaktere ist.

Besonders wünschen das natürlich die Frauen; sie sind daher auch gewöhnlich die frühesten, treuesten und ausdauerndsten Pflegerinnen des Genius. Jeder große Mensch übt eine unwiderstehliche Anziehungskraft auf sie, während er zunächst die Männer gewöhnlich abstößt, wie wir an Antonio sehen, der die Rolle des gesunden Weltverstandes dem genialen Tasso gegenüber zu spielen hat. Das Verhalten der Frauen gegenüber dem Genius ist indeß denn doch ein sehr verschiedenes: die meisten lieben ihn eigentlich nur seiner Schwäche halber oder des Glanzes wegen, der von ihm ausgeht und auf sie reflectirt, wenige nur um der himmlischen Flamme selber.

Leonore Sanvitale.

Zu den erstern gehört wol Frau Leonore Sanvitale, in der uns der Dichter einen so herrlichen Gegensatz zur Prinzessin Leonore zeichnet. Sie ist eigentlich ein weiblicher Realist, wie sie durch die Art zeigt, in der sie der Frauen Vorliebe für Tasso motivirt:

Jener
Beschäftigt uns in unserm eignen Fache.
Ihm fehlt's an tausend Kleinigkeiten, die
Zu schaffen eine Frau sich gern bemüht.
Das schönste Leinenzeug, ein seiden Kleid
Mit etwas Stickerei, das trägt er gern.
Er sieht sich gern geputzt, . . .
Bald läßt er da
Ein Stück, bald eines dort. Er kehret nie
Von einer Reise wieder, daß ihm nicht
Ein Drittheil seiner Sachen fehle. Bald
Bestiehlt ihn der Bediente. So, Antonio,
Hat man für ihn das ganze Jahr zu sorgen.

Spricht sie vom Lorber, so zeigt sie noch mehr jene praktische Gesinnung:

Hat jener Kranz um unsers Jünglings Haupt
Den ernsten Mann beleidigt? . . .
Ein unfruchtbarer Zweig ist das Geschenk,
Das der Verehrer unfruchtbare Neigung
Ihm gerne bringt, damit sie einer Schuld
Aufs leichtste sich entlade. Du misgönnst
Dem Bild des Märtyrers den goldnen Schein
Ums kahle Haupt wol schwerlich; und gewiß,
Der Lorberkranz ist, wo er dir erscheint,
Ein Zeichen mehr des Leidens als des Glücks.

Sie sagt da ganz ihres Herzens wahre Meinung; es mischt sich immer ein wenig Mitleid in ihre Bewunderung, und ihre Liebe ist sehr egoistischer Art:

Wie reizend ist's, in seinem schönen Geiste
Sich selber zu bespiegeln! Wird ein Glück
Nicht doppelt groß und herrlich, wenn sein Lied
Uns wie auf Himmelswolken trägt und hebt?
Dann bist du erst beneidenswerth! Du bist,
Du hast das nicht allein was viele wünschen;
Es weiß, es kennt auch jeder, was du hast! . . .
Wie herrlich ist's, im Glanze dieses Lebens
Ihn an der Seite haben! . . .
Du bist noch schön, noch glücklich, wenn schon lange
Der Kreis der Dinge dich mit fortgerissen.

Man sieht, sie leiht ihr Kapital auf gute Zinsen! Sie eignet sich daher auch besser dafür, die Muse eines Ariost als eines Tasso zu sein, Blumenkränze zu spenden als Lorbern, zu berauschen und zu bezaubern mehr als zu begeistern. Es ist eine ebenso brillante als besonders durch und durch adelsstolze Frau; wie hübsch und vornehm sie gesagt haben mag:

> Groß ist Florenz und herrlich, doch der Werth
> Von allen seinen aufgehäuften Schätzen
> Reicht an Ferraras Edelsteine nicht.
> Das Volk hat jene Stadt zur Stadt gemacht,
> Ferrara ward durch seine Fürsten groß —

sie vertrüge höchstens einen bürgerlichen Dichter oder Maler und auch dann erst, wenn er durch den Ruhm geadelt und noch sehr jung und hübsch ist.

Es ist noch die Frage, ob der Dichter bei der herrlichen Italienerin, der üppigen, sonnedurchglühten Blume dieses zauberischen Landes, gar so übel führe. Nächst der Putzmacherin sind die Frauen niemandem so dankbar als dem Dichter oder Maler, der ihre Reize verewigt, besonders wenn er sie auch genossen hat — und dafür würde Frau Leonore ja gern sorgen.

Man sagt bekanntlich, Goethe habe in den „Tasso" sehr viel Erlebtes hineingegossen, und man sagt es wol mit Recht; ist einem doch meistens bei seiner Lesung viel mehr, als säße man in den grünen Dämmerungen des weimarer Parks und hörte die Nachtigallen schlagen, als athmete man die berauschenden Düfte der Orangen und Myrten von Belriguardo ein. Aber wenn man behauptet, daß Frau von Stein als Original zu Leonore Sanvitale gesessen sei, so möchten wir dem gar sehr widersprechen. Diese ist ein echt welsches Gewächs, im goldenen römischen Sonnenlicht und nicht im feuchten weimarischen Mondschein so voll und üppig aufgewachsen, so Lust verlangend und gewährend. Diese Mischung von kaltem Verstand und glühender Sinnlichkeit, von natürlicher Koketterie und feiner Berechnung, das kluge und doch ein wenig phantasielose, aber prächtige, großartige Wesen, der Schönheitsstolz und Schönheitszauber, der in allem liegt, was sie thut und sagt — das zeitigt nur des Südens glückliche Natur, das sind römische Erinnerungen!

Leonore Sanvitale.

Wie gut sie rechnet, sehen wir, wenn sie sagt:

> Italien nennt keinen großen Namen,
> Den dieses Haus nicht seinen Gast genannt.
> Und es ist vortheilhaft den Genius
> Bewirthen: gibst du ihm ein Gastgeschenk,
> So läßt er dir ein schöneres zurück —

und damit die Unsterblichkeit meint. So hat denn auch der Künstler am liebsten ihr Urbild bei jenen stolzen Frauen des Paul Veronese und Tizian aufgesucht, die unsere kalten Galerien durch die Liebesseligkeit südlicher Frauenschöne in Armidens zauberische Gärten umschaffen möchten.

[illegible]

[illegible] meint. [illegible] hat denn auch [illegible]
[illegible] bei jenen stolzen Frauen [illegible]
[illegible] die unsere kalten Galeri[illegible]
[illegible] der [illegible] in Armide

Torquato Tasso.

F. A. Brockhaus' Geogr.-artist. Anstalt, Leipzig

Torquato Tasso.

(Torquato Tasso.)

Ist es das Kennzeichen großer Künstler, daß wir ihre Figuren, indem sie dieselben aufs feinste und individuellste ausbilden, sie ganz porträtartig der Natur nachgeahmt zu haben scheinen, doch zugleich auf einmal zu Typen einer ganzen Gattung werden, die charakteristischen Züge einer solchen aufs schlagendste zur Erscheinung bringen sehen, so zeigt uns Goethe in Tasso nicht nur das Bild jenes unglücklichen Sängers, dessen Wiege sich über den azurnen Wogen des Golfs von Sorrent schaukelte; nein, indem er sein sprechend ähnliches Bild zeichnet, zeigt er uns noch mehr das der Dichter, ja der Künstler überhaupt, soweit sie durch Talent und Gemüth vorwiegend der idealisirenden Gattung angehören.

Der Unterschied, den Goethe hier macht, ist ein ebenso feiner als richtiger; denn man wird durchweg finden, daß idealisirende Richtungen ihre Träger viel schneller aufreiben als die realistischen.

Bekanntlich brachen die Damen des Körner'schen Kreises, als ihnen „Tasso" bei seinem ersten Erscheinen vorgelesen worden, beim Schluß einstimmig in den Ruf aus: Das ist ja Schiller ganz und gar! Man hätte ungefähr von sämmtlichen Künstlern beider Hemisphären dasselbe mit ziemlich gleichem Rechte sagen können, und zwar um so eher, je mehr sie eben Künstler waren!

Allerdings würde man bei jedem einzelnen noch weitere nur ihm gehörende Züge, besondere Eigenthümlichkeiten gefunden haben; aber die Grundlage des Geistes und Temperaments, die Structur, das Gefüge desselben wären immer die gleichen geblieben. Was Tasso von der Mehrzahl unterscheidet, ist nur die Uebertreibung dieser Eigenschaften, die allen gemeinsam sind; da ihm der Sinn für die Realität des Lebens abgeht, so sprengt der gärende Wein daher bei ihm zuletzt das Gefäß, während er sich bei andern allmählich zu jener stillen Glut abklärt, die andere berauscht, ohne sich selber zu verzehren, wie wir sie im Dichter des „Tasso" selbst am meisten bewundern.

Suchen wir nun die einzelnen Züge zusammen, aus denen uns das Bild des unglücklichen Sängers zusammengesetzt erscheint, so finden wir zunächst die grenzenlose Empfänglichkeit für alle äußern Eindrücke, die fast weibliche Bestimmbarkeit des Wesens, die aber ungleich den Frauen nicht im Herzen, im Gemüth, sondern in der alle andern Seelenkräfte beherrschenden Phantasie ihren Ursprung hat. Daraus folgt denn fast mit Nothwendigkeit für den, der sie besitzt, eine gewisse Scheu vor dem Leben, dessen Welle ihn so heftig umherschaukelt — ein Mistrauen gegen sich und noch mehr gegen andere.

Tasso kennt den Menschen durch die Intuition des Dichters, aber er versteht die Menschen nie und taxirt sie abwechselnd zu hoch und zu niedrig; dies Gefühl der Unsicherheit in der Schätzung ist die Quelle seines Mistrauens gegen sie. Dazu kommt noch der Egoismus des Talents, den er in vollem Maße besitzt, der an tausend Stellen durchbricht. Er ist eifersüchtig, ohne eigentlich neidisch zu sein; es ist eine gewisse Unersättlichkeit in seiner Natur, aber sie bezieht sich blos auf Ruhm und Liebe. Er kann nicht vertragen, daß man andere Götter neben ihm hat, und doch schenkt er sich selbst eigentlich nie weg, es ist viel Mittheilung, aber wenig Hingebung in seiner Natur. Leonore Sanvitale sagt sehr richtig von ihm:

> Uns liebt er nicht, — verzeih', daß ich es sage! —
> Aus allen Sphären trägt er was er liebt
> Auf einen Namen nieder, den wir führen,
> Und sein Gefühl theilt er uns mit.

Unbeständig und launenhaft bis zum Uebermaß als Mensch, ist doch der Künstler in ihm von der eisernsten Beharrlichkeit, thut sich nie genug, ist demüthig und liebenswürdig bescheiden:

> Er kann nicht enden, kann nicht fertig werden,
> Er ändert stets, ruckt langsam weiter vor....
> Und seine Seele hegt nur diesen Trieb,
> Es soll sich sein Gedicht zum Ganzen ründen.

Wenn man den Künstlern so oft den Mangel an Sammlung, Besonnenheit, Maß, Geduld, Zartheit und Aufmerksamkeit, ja an Hingebung vorwirft, den sie allerdings oft zeigen, so vergißt man nur, daß von diesen kostbaren Eigenschaften jeder Sterbliche eben nur ein bestimmtes Theil erhält, und daß sie dieses Theil fast ausschließlich für ihre Werke verbrauchen, sodaß ihnen fürs Leben allerdings sehr wenig davon übrig zu bleiben pflegt. Dann hat denn freilich ein Antonio gut sagen:

Bald
Versinkt er in sich selbst, als wäre ganz
Die Welt in seinem Busen, er sich ganz
In seiner Welt genug, und alles rings
Umher verschwindet ihm. Er läßt es gehn,
Läßt's fallen, stößt's hinweg und ruht in sich —
Auf einmal, wie ein unbemerkter Funke
Die Mine zündet, sei es Freude, Leid,
Zorn oder Grille, heftig bricht er aus:
Dann will er alles fassen, alles halten.

Am gefährlichsten wird ihm die frühe Verwöhnung des Glücks, das ihm als Jüngling schon den Lorber um die Schläfe windet, die Gunst der Frauen und geistreicher Fürsten zuwendet, ihn über den Kampf mit der rauhen Noth des Lebens hinaushebt. Man verträgt nur ein gewisses Maß von Wohlsein; was darüber ist, schlägt zum Gegentheil um und wird zum Leiden. Er selbst gesteht von sich:

Im Glück
Verläßt sie mich, die angeborne Kraft,
Die standhaft mich dem Unglück, stolz dem Unrecht
Begegnen lehrte.

Eben weil er so ganz einseitig Künstlernatur ist, besitzt das Talent ihn, nicht er das Talent.

Wird Tasso so der Spielball seiner Leidenschaft, zuletzt selbst ihr Opfer, so ist sein Leiden aber durch eben dieses Talent gemildert, wie er selbst so schön ausspricht:

Und wenn der Mensch in seiner Qual verstummt,
Gab mir ein Gott, zu sagen wie ich leide.

Der Gott, der ihm dies gab, gießt den Zauber der Schönheit über alles, was er sagt und thut, fesselt ihm die Herzen und läßt ihm selbst seine Schwäche zum Vortheil gereichen bei den sorglichen Frauen:

So, Antonio,
Hat man für ihn das ganze Jahr zu sorgen. —
Und diese Sorge macht ihn lieb und lieber.

Denn seine Schwäche ist nie gemischt mit Niedrigem und Gemeinem — er bleibt edel überall; wenn er auch vielfach irrt, so zeigt seine Seele doch nach der Schönheit, wie die Magnetnadel nach Norden.

Wir bemitleiden ihn, aber nie sind wir im Stande, ihn zu verachten: dazu leuchtet der Glanz des Genius zu deutlich von seiner Stirn, jener Lorber, von dem er selbst sagt:

O nehmt ihn weg von meinem Haupte wieder,
Nehmt ihn hinweg! Er sengt mir meine Locken!

In jener Scene des ersten Acts hat ihn denn der Künstler auch dargestellt und sich bei seinem Bilde möglichst an das des historischen Tasso gehalten, da es uns in auffallendster Weise jene Mischung von Genie und nervös überreiztem Naturell, hoher Idealität und argwöhnischem Mistrauen, Launenhaftigkeit und natürlichem Adel, jenes feine, halb vornehme, halb künstlerische Wesen zeigt, das auch Goethe's Schöpfung so unübertrefflich gibt. Wer sollte nicht bei solch breiter, phantasiereicher Stirn, den sinnlich geschwungenen Brauen, dem träumerisch halbgeschlossenen Auge, dem mehr den eigenen Eingebungen lauschenden als die Außenwelt wahrnehmenden Blicke, dem halb scheuen, halb vornehm gepreßten und doch so beredten Munde, der edel geformten Nase und dem ganzen, von verhaltener Leidenschaft zeugenden, fein sinnlichen und doch so anziehenden Ausdrucke des Gesichts — wer sollte da nicht den Dichter, den Künstler erkennen: eine Natur, deren ganze Thätigkeit blos eine des Gedankens, der Phantasie sein kann, die aber nicht zum Handeln organisirt ist, die im Gegentheil immer den Eindruck des Nachtwandelns, der Inspiration vor allem macht und gerade deshalb so sehr fesselt, weil wir beim Inspirirten den Gott ahnen, der aus ihm spricht!

Fr. Pecht gez.

Macchiavello

F. A. Brockhaus' Geogr.-artist. Anstalt, Leipzig

Machiavell.

(Egmont.)

Was Goethe auf den Einfall brachte, den ein halbes Jahrhundert früher lebenden berühmten Florentiner mit dem gleichnamigen Geheimschreiber der Herzogin von Parma zu verwechseln, oder vielmehr den letztern im Stile des erstern zu halten, ist wol eben die Gleichheit des Namens, mehr wol noch die Zweckmäßigkeit, solch berühmte Figur für sein Drama zu verwenden. Denn daß der Repräsentant der florentinischen Staatskunst, der Schöpfer der neuern Politik überhaupt, an dem Hofe der staatsklugen Frau eine ganz passende Figur als Rathgeber spielt, dürfte niemand bestreiten. So möchte diese Betrachtung denn auch für unsern Dichter das entscheidende Motiv gewesen sein, den sonst ziemlich unbekannten Geheimsecretär der Herzogin zu wählen und ihn so zu bilden, daß er recht gut für den Florentiner passiren könnte, was er sicherlich blos seinem Namen verdankt, da er von den verschiedenen Geheimsecretären der Herzogin in der Geschichte am wenigsten hervortritt, vielmehr ihm Rathschläge in den Mund gelegt werden, welche die Herzogin vom Staatsrath Viglius erhielt. Wenn ein solcher Grund aber für den Dichter genügte, um so angemessener war es auch wol für den Künstler, sich des historischen Machiavell für seine Darstellung zu bedienen und ihm also jene Züge zu leihen, die wir heute noch an der vortrefflichen gleichzeitigen Büste des Geschichtschreibers in den florentiner Uffizien bewundern, weil sie uns so ganz die Persönlichkeit zeigen, die wir in seinen Werken wiederfinden.

Es ist gerade kein einnehmendes Gesicht, das hier anspruchslos aber fest vor uns hinzutreten scheint. Ein schweigsamer Denker von der furcht- und erbarmungslosesten Schärfe des

Verstandes — wir erblicken diese Seelenkraft in seinen Zügen so vorherrschend ausgeprägt wie nur selten in einem Kopfe. Keine verführerische Phantasie, keine milde, gefühlvolle Regung, keine Genußsucht oder irgend fröhliche Lust der Sinne bildet jener Seelenkraft ein wohlthätiges Gegengewicht; ihre Wirkung wird noch verstärkt durch die feinste Gabe der Beobachtung, die ihn die Schwächen anderer augenblicklich erkennen und benutzen läßt. Dieser Mann kennt die menschliche Natur in allen ihren Schwächen und baut rücksichtslos sein System auf sie; denn praktisch ist er durch und durch, wenn das praktisch ist, daß man überall sieht, was einem nutzen, einen zur Erreichung seines Zwecks führen kann! Keinem Mitleid und keiner menschlichen Schwäche zugänglich, zieht Machiavell schonungslos die äußersten Consequenzen aus jeder Prämisse, schrickt vor keiner derselben zurück, auch wenn sie noch so grausam wäre, ohne doch irgend Freude an der Grausamkeit oder Zerstörung zu haben; denn er ist eigentlich im innersten Kerne Doctrinär und will nichts für sich, er ist vollkommen uneigennützig und hat wenig Egoismus, keine Leidenschaft, nicht einmal Herrschsucht oder Ehrgeiz.

Entgeht diesem durchdringenden Auge unbestritten keine Schwäche der Menschen, so fragt es sich denn doch, ob es wol auch dasselbe Verständniß für ihre Stärke, ihre Schöpferkraft besitze. Die großen Rechenmeister in Menschenseelen täuschen sich bekanntlich doch meistens im Endresultat, weil sie keinen Sinn für das haben, was ihnen meist selbst fehlt: Liebe und Begeisterung, die in ihren Wirkungen eben viel unberechenbarer sind als die Schwächen und dunkeln Züge der menschlichen Natur. So durchdringend und scharf auch des Florentiners Blick ist, so compact und entschlossen sein Gesicht, das breite Kinn, der zusammengepreßte, kraftbewußte Mund mit seiner schmalen Oberlippe, die nie ein Geheimniß verrathen zu können, mit seiner höhnisch hervorstehenden Unterlippe, die für alle Illusionen des Lebens blos Sarkasmen zu haben scheint — es ist doch etwas Enges, Zusammengepacktes in dem Kopfe, ein Mangel aller schönen Idealität, aller Phantasie, aller hochsinnigen und ahnungsvollen Triebe des Gemüths, die es uns aber erklärlich machen, wie dieser Mann wol Politiker von durchdringender Schärfe, Philosoph von größter Weitsichtigkeit, aber eigentlich mehr doch ein Gelehrter sein mußte als ein eigentlich praktischer und schöpferischer Staatsmann, der die Massen mit der Kraft seines Willens fortreißt, enthusiasmirt und zu allen Opfern begeistert. Er kann niemals auf unser Gefühl oder unsere Phantasie wirken, er kann uns nicht einmal überzeugen, weil ihm eben Gefühl und Phantasie und damit die echte Schöpferkraft selbst abgehen. Er kann uns nur wie ein großer Rechner überführen; ja, er mag tausendmal recht behalten und doch — zuletzt unrecht gehabt haben. Mit solcher Natur paßt man aber doch nur trefflich zum Rathgeber, nicht zur Stelle eines Staatsmanns selbst, wenn man gleich Maximen aufstellt, die, weil sie aus der wenn auch einseitigen Kenntniß der Menschennatur geschöpft sind, für alle Zeiten eine unbestreitbare Geltung haben werden. Machiavell ist ein Arzt, dessen Medicamente auf ewig den Arzneitrost und Hausmittelschatz des Despotismus bilden werden; schade nur, daß seine Mittel aber doch blos für Kranke passen. Gesunde nehmen sie nicht oder verwerfen sie doch sofort wieder und — werfen den Doctor zum Haus hinaus!

Ist Machiavell also, wie angedeutet, zum „Wirklichen Geheimrath“ wie geboren, so ist es eine besondere Ironie, daß der Dichter ihn diese Stelle bei einer Frau versehen läßt, die wie alle Frauen ewig um Rath fragt und zuletzt doch nicht nach ihm handelt. Jene Ironie des Schicksals geht durch das ganze Leben des Florentiners und ist daher am Ende doch eine Folge seiner Natur. Alle Einseitigkeit des Wesens neigt zu einem tragischen Geschick, und so ist denn auch das seinige. Obschon er im Grunde seines Herzens eifriger und uneigennütziger Republikaner, sind seine Werke das Vademecum aller Despoten geworden; schwerlich trug je einer inniger den Wunsch im Busen als er die Wiedervereinigung und Größe Italiens, und doch hat nichts so sehr zum dreihundertjährigen politischen Elend jenes Landes beigetragen als eben seine Recepte! Er mußte den Sturz seiner geliebten Republik, der er den größten Theil seines Lebens mit Eifer gedient, erfahren und die Unzulänglichkeit derer sehen, auf die er alle seine Hoffnungen für die Wiederaufrichtung seines Vaterlandes gebaut, für die er seinen berühmten „Principe“ geschrieben, ihr Scheitern trotz aller seiner Rathschläge — vielleicht gerade, weil sie den

Vorschriften ihres Lehrers zu treu nachlebten. Liest man diese Vorschriften, so erstaunt man bei aller Bewunderung über nichts so sehr als über die totale Abwesenheit aller schöpferischen staatenbildenden Kraft in denselben. Sie machen im Grunde blos den unfruchtbaren Versuch, die Fäulniß zu organisiren.

Im „Egmont" tritt Machiavell indeß mehr als der Repräsentant der gesunden Vernunft auf als des Verstandes, der er doch in der Geschichte ist. Der Rath, welchen er der Regentin gibt, ist in diesem Geiste:

> Ihr sagtet oft im Scherze: „Du stehst zu weit, Machiavell! Du solltest Geschichtschreiber sein: wer handelt muß fürs Nächste sorgen." Und doch, habe ich diese Geschichte nicht vorauserzählt? Hab' ich nicht alles vorausgesehen? Ein Wort für tausend: Ihr unterdrückt die neue Lehre nicht. Laßt sie gelten, sondert sie von den Rechtgläubigen, gebt ihnen Kirchen, faßt sie in die bürgerliche Ordnung, schränkt sie ein; und so habt ihr die Aufrührer auf einmal zur Ruhe gebracht.... Möchte doch ein guter Geist Philippen eingeben, daß es einem Könige anständiger ist, Bürger zweierlei Glaubens zu regieren, als sie durcheinander aufzureiben.
>
> ... Wie soll Zutrauen entstehen und bleiben, wenn der Niederländer sieht, daß es mehr um seine Besitzthümer als um sein Wohl um seiner Seele Heil zu thun ist! ... Will ein Volk nicht lieber nach seiner Art von den Seinigen regiert werden, als von Fremden, die erst im Lande sich wieder Besitzthümer auf Unkosten aller zu erwerben suchen, die einen fremden Maßstab mitbringen, und unfreundlich und ohne Theilnehmung herrschen?

Dies sind sicherlich die richtigen Maximen, aber es sind eher productive als kritische Gedanken — Goethe hat seinen Florentiner mehr als Geschichtschreiber und Philosoph gefaßt, als es der historische war; Margarete sagt ihm dies auch dagegen. Machiavell's Passivität, die sich aufs Rathen beschränkte und alles unmittelbare Handeln verschmähte, sein vollständig indifferentes Verhältniß zu allem, was Glauben heißt, und besonders der Ton, die kurze, dürre, epigrammatische Art des Sprechens sind dagegen unübertrefflich wiedergegeben.

sicherlich die richtigen
als kritische Gedanke
die Geschichtschreib
Margarete
Baisiotal, die sich

F. Pecht gez.

— Antonio —

F. A. Brockhaus Geogr.-artist. Anstalt Leipzig

Antonio.

(Torquato Tasso.)

Es ist immer eine schlechte Position, wenn einem jedermann zwar Achtung, aber niemand Liebe schenkt. In dieser fatalen Stellung finden wir den Hofmann Antonio, der denn auch deshalb fast durch das ganze Stück aus einer gewissen verdrießlichen Stimmung nicht herauskommt. Man mag nun einmal viel lieber beglückt sein als verdienstvoll, das freie Geschenk der Götter reizt mehr als die schwer gezeitigte Frucht harter Arbeit. Alle Welt verlangt nicht nach dem Nothwendigen, denn das ist der Zwang, sondern nach dem Ueberflüssigen, denn da beginnt erst das heitere Reich der Freiheit und der Schönheit, der Kunst. Was ist aber überflüssiger als die Poesie und was bedürftiger zugleich? Beides reizt uns, und so trägt denn auch ihr Repräsentant, der von seiner fessellosen Phantasie beherrschte Tasso, nicht nur bei Frauen, sondern selbst bei Männern im Grunde den Preis vor dem lediglich verständigen, lediglich verdienstvollen Antonio davon.

Ist man bei ersterm immer im Ungewissen, ob jetzt gerade der Narr oder der Seher die Oberhand bekomme, so können wir bei diesem im Gegentheil beinahe mit mathematischer Sicherheit vorausberechnen, was er in einer gewissen Lage thun wird. Gerade deshalb interessirt er uns so viel weniger als jener, der nie vorauszuberechnen ist, uns aber immer beschäftigt. Nichts aber wird dem Verstande schwerer zu begreifen als das Recht der Poesie, und so finden wir denn auch Antonio mit seinem kühlen, klaren, nüchternen, aber schneidend scharfen Geiste sofort über die Gunst, die man Tasso in seiner Abwesenheit zugewendet, erbittert; sie erscheint ihm als eine Ungerechtigkeit und der junge Poet weit über sein Verdienst belohnt. Wir müssen ihm von seinem Standpunkte aus ganz recht geben, wenn er sagt:

Antonio.

Allein gestehe, wenn ein wackrer Mann
Mit heißer Stirn von saurer Arbeit kommt,
Und spät am Abend in ersehntem Schatten
Zu neuer Mühe auszuruhen denkt,
Und findet dann von einem Müßiggänger
Den Schatten breit besessen, soll er nicht
Auch etwas Menschlichs in dem Busen fühlen?...
Gar viele Dinge sind in dieser Welt,
Die man dem andern gönnt und gerne theilt;
Jedoch es ist ein Schatz, den man allein
Dem Hochverdienten gerne gönnen mag,
Ein andrer, den man mit dem Höchstverdienten
Mit gutem Willen niemals theilen wird —
Und fragst du mich nach diesen beiden Schätzen:
Der Lorber ist es und die Gunst der Frauen.

Und beides will ihm der naseweise junge Mensch da streitig machen, ja hat es ihm bereits weggenommen, als er es eben am meisten verdient zu haben glaubt; er nimmt dreist neben Ariosto seinen Platz ein, ohne nur erst zu warten, ob Italien, ob die Welt ihm nur zugestehen wird, jenem Classiker, der bereits die Feuerprobe eines Jahrhunderts bestanden, jemals die Schuhriemen aufzulösen. Guter Gott, wer hat nicht alles die Prätension des Genie, nachdem er ein paar Verse gemacht; bei wie vielen wurde sie nicht selbst von geistreichen Frauen anerkannt, wenn sie von ein paar brennenden Augen und einer reichen Fülle schwarzer Locken unterstützt war! Und von diesem launenhaften Schoshündchen soll er sich nun ohne weiteres wegbellen, wol gar wegbeißen lassen, er, der doch ein Mann von Geist und unbestreitbar großem Verdienste, der eine, wenn nicht einschmeichelnde, jedenfalls mächtigere, männlichere Persönlichkeit besitzt, der dem Dichter in allen nützlichen Dingen außer diesem läppischen Versemachen so überlegen ist?

Man wird zugeben müssen, daß Antonio in neunhundertneunundneunzig Fällen der Art vollkommen recht haben wird; denn an welchen Hof alter oder neuer Zeit drängten sich nicht schlechte Poeten, junge „interessante" Menschen. Es ist Antonio's Malheur, daß es nur diesmal gerade der tausendste Fall und Tasso ein wirkliches Genie ist, einer von den gottbegnadeten Menschen, wie deren jeder Nation nur einige geschenkt werden. Da allerdings stellt sich dann die Sache ganz anders, und unser Hofmann kommt gewaltig ins Unrecht. Wiegt alle Weisheit der Hofräthe und Gesandten im historischen Leben in der Culturentwickelung der Nation einen einzigen classischen Dichter auf? Ist ganz Ferrara etwas anderes als der Blumentopf, in dem die Rose Tasso blüht? Hat das ganze Großherzogthum Weimar noch eine andere Bedeutung im Leben der deutschen Nation als die, das Asyl Goethe's und Schiller's gewesen zu sein? Und haben sich dennoch nicht sämmtliche weimarische Staatsräthe seinerzeit unendlich mehr gedünkt als der arme Professor Schiller, der nichts als unbezahlte Rechnungen sein nannte? Haben sie sich nicht mit Händen und Füßen gegen die Einführung des Dr. Goethe ins Collegium gewehrt, die feierlichsten Proteste vor Gott und der Welt dagegen eingelegt und sich dadurch bei beiden auf ewig lächerlich gemacht? Und doch hatten Goethe und Schiller ihre populärsten Productionen schon fast alle geschrieben, sie waren längst die Lieblinge der Nation, als sie nach Weimar kamen, und man kann sich sogar sehr darüber streiten, ob es überhaupt nur für sie gut war, daß sie hinkamen. Unser Tasso aber hat ja sein „Jerusalem" noch gar nicht befreit, es ist nur eben fertig, und wenn auch Italien ihn schon als Dichter kennt, guter Gott, was ist nicht alles schon berühmt gewesen und vergessen worden; hat Antonio also nicht recht, so unglücklich es sich auch gerade damit für ihn trifft, oder wäre man etwa so tadelnswerth, jeden, der ohne weiteres vor uns hintritt mit der Prätension, ein unsterbliches Werk geschaffen zu haben, für einen gelinden Narren oder einen frechen Burschen zu halten?

Antonio macht überdies seinen Irrthum gut, sobald er in Tasso die Züge des edeln und hohen Geistes bemerkt hat, sobald Alfons ihm die Sache durch jene goldenen Worte:

> Das hat Italien so groß gemacht,
> Daß jeder Nachbar mit dem andern streitet,
> Die Bessern zu besitzen, zu benutzen. —

von der staatsmännischen Seite zeigt, die ja auch bei ihm die vorherrschende ist. Er hat eine Geduld mit dem kranken Dichter, die neun Zehntel unser wirklichen Geheimräthe nicht haben würden, wenn Homer selbst an ihre Thüre klopfte; nachdem er doch erst von ihm geurtheilt:

> Wo schwärmt der Knabe hin? Mit welchen Farben
> Malt er sich seinen Werth und sein Geschick? —

Antonio.

sagt er, nachdem Tasso seine Thorheit auf die Spitze getrieben:

Ich werde dich in dieser Noth nicht lassen...

Wir haben Antonio in Schutz genommen gegen die Abneigung, die den Charakter in seiner Einseitigkeit immer treffen wird, wenn man ihn mit dem reichen Talent vergleicht. Was sich vom Standpunkte dieses gegen ihn einwenden läßt, sagt Tasso selbst am bittersten und nach seiner Art übertriebensten:

> Verdrießlich fiel mir stets die steife Klugheit,
> Und daß er immer nur den Meister spielt.
> Anstatt zu forschen, ob des Hörers Geist
> Nicht schon für sich auf guten Spuren wandle,
> Belehrt er dich von manchem, das du besser
> Und tiefer fühltest, und vernimmt kein Wort,
> Das du ihm sagst, und wird dich stets verkennen....

Wir finden Antonio dargestellt in dem ersten Zwiegespräch, das er mit Tasso hat und ihn zur Wuth reizt. Ist er schroff, stolz, in sich abgeschlossen, fertig in allem, so ist er doch durchaus ein feiner, welt- und formgewandter Hofmann. Nicht mehr jung, so muß er doch den Frauen noch gefallen können, wie er es offenbar seit lange her gewöhnt ist. Diese fühlen am besten heraus, was ihn von Tasso trennt:

> Sieh das Aeußre nur
> Von beiden an, das Angesicht, den Ton,
> Den Blick, den Tritt! Es widerstrebt sich alles....
> Es ist nicht hier
> Ein Misverständniß zwischen Gleichgestimmten;
> Zwei Männer sind's,
> Die darum Feinde sind, weil die Natur
> Nicht Einen Mann aus ihnen beiden formte,

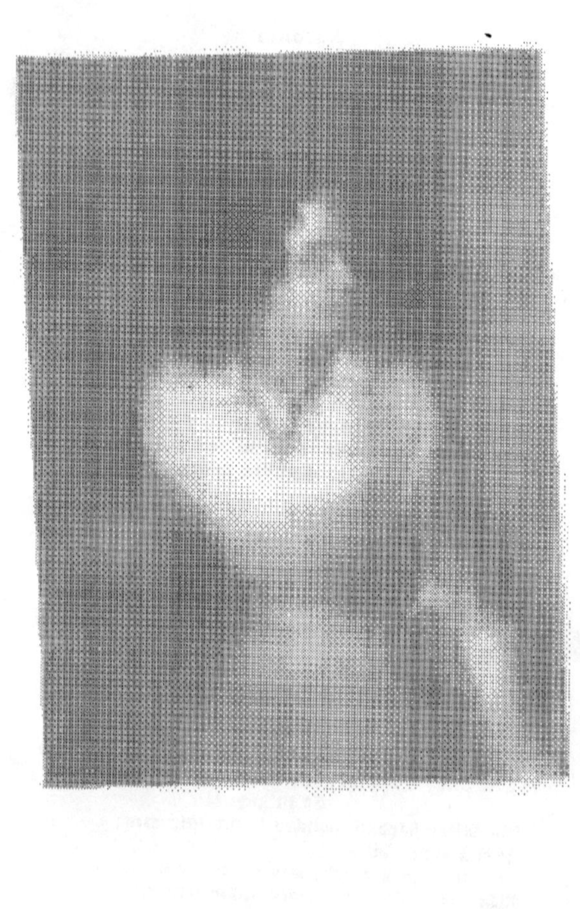

[illegible]

[illegible] Antonio [illegible] dem ersten Zwiegespräch, [illegible] Ist er schroff, [illegible] so ist er doch durch- [illegible] Hofmann. Nicht [illegible] noch gefallen können, [illegible] gewohnt ist. Diese fühlen [illegible] kennt:

Fr. Pecht gez.

Marianne.
(Die Geschwister.)

F. A. Brockhaus' Geogr.-artist. Anstalt, Leipzig.

Marianne.

(Die Geschwister.)

Die deutsche Literatur wird kaum ein Stück besitzen, welches im kleinsten Rahmen ein so vollendetes Gemälde aufrollte und durch die Schürzung, besonders aber durch die Lösung des Knotens einen so außerordentlich reinen und befriedigenden Eindruck machte, als das reizende Schauspiel, dessen Heldin die anmuthige Marianne ist.

Wenn Goethe nichts als dieses Stück geschaffen hätte, so müßte man ihn schon den größten Dichtern zuzählen, so meisterhaft rein, sicher und schön ist die Zeichnung der Charaktere, so erfreulich und rührend der Verlauf der Handlung, in der sich Marianne vor unsern Augen auf die bezauberndste, liebenswürdigste Art entwickelt.

Der Herr Bruder ist ein ziemlich gewöhnlicher, wenn auch rechtlicher und wohlwollender Mann: einer jener gemüthlichen, höchst ehrenwerthen Philister, wie sie recht eigentlich den Grundstock deutschen Bürgerthums bilden und in ihrer Art dem englischen shopkeeper oder gar dem französischen épicier gegenüber immerhin ganz außerordentlich im Vortheil sind, da sie weit mehr echte Humanität, Zartgefühl und einen gewissen Idealismus in ihren intimsten Beziehungen besitzen, der jenen durchaus abgeht. Auch Freund Fabrice ist trefflich geschildert: ein alter Garçon wie er leibt und lebt, wahrscheinlich ein kleiner Rentier, wollte hundertmal heirathen, konnte aber nie dazukommen, weil ihm immer nur die gefielen, welche durch Liebe schon verklärt waren, aber eben nicht durch Liebe für ihn, was er leider jedesmal erst merkt, wenn es zu spät ist.

Die beiden Herren, so schätzbar sie auch sind, spielen doch blos die Rolle von Stengeln; die Blume, die sie tragen, ist Marianne.

Bei den Männern kann man das Unbedeutende nie recht leiden, bei den Frauen kann es sogar die Anmuth vermehren. Ihre Bedeutung liegt im Herzen, im Gemüth, in der Seele, nicht im Geist, nach welchem wir die Männer meistens zu messen pflegen, da man das ebenso Wichtige, den Charakter, so selten erproben kann.

Auch Marianne ist weder geistreich noch bedeutend, aber seelenvoll in hohem Grade: ihr Reichthum liegt im Herzen; alles, was sie thut, das verschönt, belebt und adelt sie durch die Liebe. Dieser geheime Hintergrund ihres Thuns, dessen sie sich selbst gar nicht bewußt ist, es erst wird im Laufe des Stücks, er gibt ihrem ganzen Auftreten die liebenswürdige Wärme, welcher der Dichter die bezauberndste Naivetät, Frische und Anmuth zuzugesellen verstanden hat.

Wir finden sie dargestellt in ihrem ersten Auftreten, da sie den mit sich selbst redenden Bruder ihren Namen aussprechen hört und aus der Küche vom Taubenrupfen weg hereinstürzt, fragend:

> Was willst du, Bruder? Du riefst mich —

und da er das verneint, fortfährt:

> Sticht dich der Muthwille, daß du mich aus der Küche herein= verirst?

Wie reizend ist das alles geschildert, und vollends ihr Abtreten:

> Ja, wer euch Mannsleuten auch nichts abmerkte! Wenn du sonst nichts hast, so geh' ich wieder, denn ich habe noch allerlei zu thun. Adieu. Nun gib mir noch einen Kuß —

und da er ihr gar erst einen zum Nachtisch verspricht:

> Es ist doch verwünscht, was die Brüder grob sind! Wenn Fabrice oder sonst ein guter Junge einen Kuß nehmen dürfte, die sprängen Wände hoch, und der Herr da verschmäht einen, den ich geben will. Jetzt verbrenn' ich die Tauben.

Man hat es oft einen Fehler der Deutschen genannt, daß sie das Gemüth und seine Forderungen zu viel in ihre praktische

Thätigkeit hinübertragen, es ins Geschäft einmischen. Man sollte es eher unsern größten Vorzug nennen, es hat uns unter anderm zur arbeitsamsten Nation der Welt gemacht, da nur dadurch der ganze Mensch bei der Arbeit sein kann, also auch viel weniger ermüdet, bessern Erfolg hat. Gilt das von den Männern, so gilt es aber noch viel mehr von den deutschen Frauen: sie sind die besten Hausfrauen, die es gibt, nur weil eben das Haus ihnen die Welt ist. Wo fiele es auch einer Italienerin oder Französin ein, mit Vergnügen Kaffee zu kochen oder gar Strümpfe zu stricken, blos weil sie für den Geliebten sind, gleich unserer Marianne, wie sie das Fabrice so drollig auseinandersetzt:

> Meinen Bruder zu verlassen, wäre mir unerträglich — unmöglich; alle übrige Aussicht möchte auch noch so reizend sein.... O nimmermehr! Wer sollte seine Wirthschaft führen? Wer für ihn sorgen?....
>
> Wenn ich aufwache, horch' ich, ob der Bruder schon auf ist; rührt sich nichts, hui bin ich aus dem Bette in der Küche, mache Feuer an, daß das Wasser über und über kocht, bis die Magd aufsteht, und er seinen Kaffee hat, wie er die Augen aufthut.
>
> Und dann setze ich mich hin und stricke Strümpfe für meinen Bruder, und hab' eine Wirthschaft, und messe sie ihm zehnmal an, ob sie auch lang genug sind, ob die Wade recht sitzt, ob der Fuß nicht zu kurz ist, daß er manchmal ungeduldig wird.

Kann man auf schönere, innigere Weise die Beschäftigung der Hände mit der des Herzens verbinden? Und thut es nicht jede deutsche Frau, ist nicht jede unglücklich, die nicht so thun kann? Ist es nicht ein Segen für unser Volk, daß es so ist; werden wir bei all unsern sonstigen Fehlern nicht gerade dadurch gehoben, daß wir Ideal und Wirklichkeit auf diese Weise immer zu verbinden wissen, die bei allen andern Nationen so weit auseinander liegen?

Das Verhältniß der liebenden Gefährtin zum Mann ihres Herzens, der Ehestand selber ist nie schöner gezeichnet worden, als ihn Marianne schildert, wenn sie fortfährt:

> Ich weiß nicht; wenn er so bei Tische sitzt und den Kopf auf die Hand stemmt, niedersieht und still ist in Sorgen — ich kann halbe Stunden lang sitzen und ihn ansehen. Er ist nicht schön, sag' ich manchmal zu mir selbst, und mir ist's so wohl, wenn ich ihn ansehe. Freilich fühl' ich nun wohl, daß es mit für mich ist, wenn er sorgt; freilich sagt mir das der erste Blick, wenn er wieder aufsieht, und das thut ein Großes.

Goethe ist hier in dieser einfachen Schilderung so classisch als bei den erhabensten Stellen seiner Werke; denn es ist ihm selten gelungen, so tief und wahr die innerste Eigenthümlichkeit unsers Empfindens in so gefühlter und dabei so schmuckloser Form wiederzugeben. Die Schönheit dieser Stellen wird fast nur von denen übertroffen, da es durch Fabrice's Werbung Mariannen klar wird, daß sie den Bruder nicht verlassen könne, da sie ihn allein liebe:

> Nur mit dir kann ich leben, mit dir allein mag ich leben. Es liegt von jeher in meiner Seele, und dieses hat's herausgeschlagen, gewaltsam herausgeschlagen — Ich liebe nur dich! . . .
>
> Ich kann dir nicht sagen, was in meinem Herzen auf- und abgerannt ist. Es ist mir wie neulich, da es auf dem Markte brannte und erst Rauch und Dampf über alles zog, bis auf einmal das Feuer das Dach hob und das ganze Haus in einer Flamme stand. — Verlaß mich nicht. Stoß mich nicht von dir, Bruder! . . .
>
> Ich will dir gern versprechen, nicht zu heirathen, ich will immer für dich sorgen, immer, immer so fort. . . .
>
> Es hat dich niemand so lieb wie ich; es kann dich niemand so lieb haben. Du bist immer so zurückhaltend, und ich hab's immer im Munde, dir ganz zu sagen wie mir's ist, und wag's nicht. Gott sei Dank, daß mir der Zufall die Zunge löst.

Kann man einen unermeßlichen Liebesreichthum mit naiverer, einfacherer Anmuth aussprechen!

Möchte der Charakter der Marianne, der vor hundert Jahren sicherlich so häufig als wahr war, der es heute noch ebenso für uns ist, es auch ewig bleiben! Solange er es thut, solange deutsche Frauenherzen sich in diesem Spiegel wiedererkennen, solange wird dem deutschen Volke die Hoffnung nicht zu entschwinden brauchen.

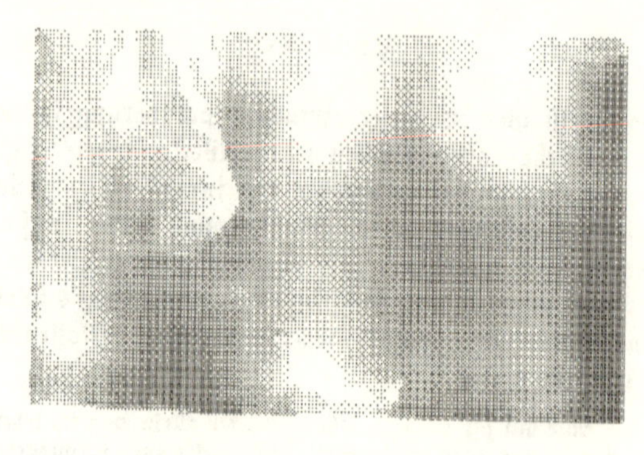

[illegible]

[illegible]

[illegible] Bewegung [illegible] Rhein!

[illegible] deutsche [illegible]

Fr. Pecht gez.

Hermann.

F. A. Brockhaus' Geogr. artist. Anstalt Leipzig

Hermann.

(Hermann und Dorothea.)

Unsere Literatur dürfte kaum ein zweites Gedicht haben, welches das innerste Leben und Empfinden des deutschen Volks mit solcher Wahrheit und Treue widerspiegelte wie das herrliche Epos, welches uns das so plötzliche Finden und Fassen zweier Gemüther darstellt. Goethe ist mit ihm zur vollsten Entwickelung, zur höchsten künstlerischen Meisterschaft gelangt. Es geht ein Hauch von edler Idealität durch das so einfache Gemälde, der, während er der Naturwahrheit desselben nicht den geringsten Eintrag thut, uns doch auf den Wogen der herrlichen Verse weit, weit über das Gemeine, Alltägliche emporträgt, uns eine Erhebung, Ruhe und Harmonie des Gefühls, ein solches volles Gefühl der Befriedigung zurückläßt, wie es uns wol bei der hohen Formvollendung antiker Götterbilder mit ihrem Ausdruck innerlichen Genügens, bei modernen Kunstwerken fast nie ähnlich beruhigend überkommt.

Ein wohliger ländlicher Duft weht uns aus den behaglichen Schilderungen entgegen, eine sonntägliche Stimmung verläßt uns keinen Augenblick. Und nun vollends das Behäbige, Langsame, Umständliche der so durch und durch deutschen Menschen! Ihr merkwürdiger Mangel an Witz, das Einfache, Geradlinige, Leichtberechenbare in ihnen und dabei doch ihre Sinnigkeit, ihr Humor, ihre kleinen Schrullen und Eigenheiten, das eckige Gepräge: alles das sehen wir, und doch ist's nirgends zur Heftigkeit oder Niedrigkeit verzerrt, die ganze Schilderung ist mit einem unbeschreiblichen Glanze übergossen, jede Eigenthümlichkeit in ihrem Unangenehmen aufgehoben durch das Gefühl gegenseitigen Wohlwollens, das überall bald den Gegensätzen die Spitze abbricht, durch die Ehrlichkeit und den guten

Willen, den jedes mitbringt — schöner ward dein sprechend ähnlich Bildniß nie gemalt, deutsches Volk!

Hermann selbst, wer lächelte nicht über ihn, den guten Jungen mit seinem tappigen Wesen, dem langsamen, schwerfälligen Geiste, dem Respect vor aller Autorität, der des Vaters zunächst, welcher, leichtern Blutes, ihn doch beständig ob jener Eigenthümlichkeit tadelt:

Aber ungern seh' ich den Jüngling, der immer so thätig
Mir in dem Hause sich regt, nach außen langsam und schüchtern.
Wenig findet er Lust sich unter Leuten zu zeigen;
Ja, er vermeidet sogar der jungen Mädchen Gesellschaft,
Und den fröhlichen Tanz, den alle Jugend begehret.

Und wer liebte ihn nicht, wenn auf einmal aus dem noch eben so blöden, ernsthaften, gutmüthigen Jungen wie der Blitz eine mächtige Leidenschaft herausbricht und ihn so verwandelt, daß ihm der Pfarrer gleich sagt:

Kommt Ihr doch als ein veränderter Mensch! Ich habe noch niemals
Euch so munter gesehn und Eure Blicke so lebhaft —

wenn eine volle, ungebrochene Empfindung wie ein Strom sein Innerstes überflutet, wenn der träumerische Charakter sich nun auf einmal besinnt und zeigt, daß es nichts weniger als die Gedankenlosigkeit war, die ihn so hindämmern ließ, daß Ernst und Tiefe in Fülle in ihm vorhanden sind und ihm die Zunge nöthigenfalls schon lösen, wie der engbrüstige Nachbar Apotheker erfährt, dem er so richtig auf sein Lob des ledigen Standes entgegnet:

Ist wol der ein würdiger Mann, der, im Glück und im Unglück,
Sich nur allein bedenkt, und Leiden und Freuden zu theilen
Nicht verstehet, und nicht dazu von Herzen bewegt wird? —

während wir schon aus seinem Benehmen bei der ersten Begegnung mit Dorothea sehen, daß er rasch besonnen, schnell entschlossen sein kann wie einer. Daß in dem sinnigen, stillen Träumer eine Natur schlummert, der es weder an Geist und Muth, noch Energie gebricht, wenn sie nur erst geweckt sind, sehen wir aus den tiefsinnigen Worten seiner Verlobung:

Desto fester sei, bei der allgemeinen Erschüttrung,
Dorothea, der Bund! Wir wollen halten und dauern,
Fest uns halten und fest der schönen Güter Besitzthum.

Denn der Mensch, der zur schwankenden Zeit auch schwankend gesinnt ist,
Der vermehret das Uebel, und breitet es weiter und weiter;
Aber wer fest auf dem Sinne beharrt, der bildet die Welt sich. . . .
Du bist mein; und nun ist das Meine meiner als jemals.
Nicht mit Kummer will ich's bewahren und sorgend genießen,
Sondern mit Muth und Kraft. Und drohen diesmal die Feinde,
Oder künftig, so rüste mich selbst und reiche die Waffen.

Wenn man seine ernste, wortkarge, herbe, in sich gekehrte Persönlichkeit, seine reine, unverdorbene, aber auch ganze, feste Natur sieht, die Empfänglichkeit für alles Ideale und Hohe, welche in ihm rege ist, die er aber bisjetzt in seinem täglichen Leben nirgends verwerthen konnte und daher schamhaft verbarg, so versteht man, daß gerade sie ihm das scheue, verlegene Aussehen gibt, daß ihm die Form beständig fehlt, wo er doch den Inhalt hat; gerade das verleiht ihm aber auch einen eigenthümlichen Reiz, macht ihn so sehr zum Typus eines deutschen Jünglings! Er wird dazu aber vor allem durch seine Abneigung gegen alles Gemeine, durch seine Uneigennützigkeit, die überall hervorleuchtet, durch sein edles Selbstgefühl, das sich seines Berufs nirgends schämt, sondern auf ihn stolz ist, nicht die leiseste Zurückweisung oder Beschimpfung gegen sich und die Seinigen ungerächt verträgt, durch seinen richtigen Blick in Beurtheilung anscheinend ihm überlegener Personen wie allgemein menschlicher Verhältnisse.

Halten wir alle seine Aeußerungen zusammen, so finden wir, daß er es ist, welcher das Schönste und Tiefsinnigste von allen Personen des Gedichts äußert, aber immer nur dann, wenn er erregt ist; immer nur nebenher und gleichsam entschuldigend regt ihm doch immer der besondere Fall die allgemeine Betrachtung an, wie da, wo er über die Liebe spricht:

Denn es löset die Liebe, das fühl' ich, jegliche Bande,
Wenn sie die ihrigen knüpft; und nicht das Mädchen allein läßt
Vater und Mutter zurück, wenn sie dem erwähleten Mann folgt;
Auch der Jüngling, er weiß nichts mehr von Mutter und Vater,
Wenn er das Mädchen sieht, das einziggeliebte, davonziehn.

Hermann's Leidenschaft ist gesund wie alle seine Empfindungen, die Gestalt der Geliebten fesselt ihn ebenso wie ihr Thun; sagt er doch:

Soll ich sie auch zum letzten mal sehn, so will ich noch einmal
Diesem offenen Blick des schwarzen Auges begegnen;
Drück' ich sie nie an das Herz, so will ich die Brust und die Schultern
Einmal noch sehn, die mein Arm so sehr zu umschließen begehret;

Hermann.

Will den Mund noch sehen, von dem ein Kuß und das Ja mich
Glücklich macht auf ewig, das Nein mich auf ewig zerstöret.

Aber wenn er dies so offen eingesteht, so ist doch die Empfindung, die er von ihrem Charakterwerthe hat, die vorherrschende in ihm: er weiß mit der Festigkeit des Willens die Sinne zu bezähmen:

Starr wie ein Marmorbild, vom ernsten Willen gebändigt,
Drückte nicht fester sie an, er stemmte sich gegen die Schwere.
Und so fühlt' er die herrliche Last, die Wärme des Herzens,
Und den Balsam des Athems, an seinen Lippen verhauchet.

Der Gesundheit des Geistes bei Hermann und Dorothea ist die des Körpers als unerlaßliche Folie gegeben:

Aber die Thür ging auf. Es zeigte das herrliche Paar sich,
Und es erstaunten die Freunde, die liebenden Aeltern erstaunten
Ueber die Bildung der Braut, des Bräutigams Bildung vergleichbar;
Ja, es schien die Thüre zu klein, die hohen Gestalten
Einzulassen, die nun zusammen betraten die Schwelle —

und welche uns der Künstler in jener so anmuthigen Scene am Brunnen geschildert hat, da sie sich gegenseitig im Wasserspiegel erblickten und jedes sich der Schönheit des andern harmlos erfreute.

Fr. Pecht gez.

Leonore von Este.

F. A. Brockhaus' Geogr.-artist. Anstalt, Leipzig

Leonore von Este.

(Torquato Tasso.)

Das Alter macht schwerlich tugendhafter, doch bisweilen klüger. Vom „Werther" bis zu den „Römischen Elegien" ist es ein weiter Weg, aber einer, den nicht nur jeder Künstler, sondern fast jeder Mensch überhaupt geht, und so dürfen wir Aeltern es denn auch immerhin als einen Jugendfehler beklagen, als einen Misgriff, den Tasso zwanzig Jahre später schwerlich begangen hätte, wenn er der Prinzessin den Vorzug vor Leonore Sanvitale gibt.

Nicht als ob wir nicht zu schätzen wüßten, daß jene den Tasso wirklich liebt, die letztere mehr sich und das Vergnügen — aber die Temperatur der erstern ist offenbar um zwanzig Grade nördlicher! Sie ist deutsch durch und durch, seelenvoll, ebenso reichen Gemüths als Geistes und von jenem Adel des Herzens, dem Aufopferung, Uneigennützigkeit, leider aber auch die Entsagung Bedürfniß sind. Damit kommt man selten weit in der Welt, am allerseltensten zum Glück. Der mag sich preisen, wer einen solchen Charakter zur Frau, zur Gönnerin erhält; zur Geliebten paßt er aber offenbar weniger, und Leonore Sanvitale hat recht, wenn sie zu sich sagt:

> Du mußt ihn haben und ihr nimmst du nichts;
> Denn ihre Neigung zu dem werthen Manne
> Ist ihren andern Leidenschaften gleich.
> Sie leuchten, wie der stille Schein des Monds,
> Dem Wandrer spärlich auf dem Pfad zu Nacht;
> Sie wärmen nicht, und gießen keine Lust
> Noch Lebensfreud' umher. Sie wird sich freuen,
> Wenn sie ihn fern, wenn sie ihn glücklich weiß,
> Wie sie genoß, wenn sie ihn täglich sah.

Und in der That, ihre Jugend ist ein klein wenig zu — altbacken, ihre Weisheit hat einen zu belehrenden Anstrich, als daß man sie sich nicht fast eher als Gouvernante für einen Säugling, denn als Geliebte eines jungen Poeten denken sollte. So bebt sie denn auch scheu zurück, als Tasso gar den schrecklichen Greuel begehen will, sie — zu küssen.

Und doch hatte sie ihm eigentlich in aller Unschuld des Herzens Veranlassung genug dazu gegeben; oder sagt sie ihm nicht:

Ihr strebt nach fernen Gütern,
Und euer Streben muß gewaltsam seyn.
Ihr wagt es, für die Ewigkeit zu handeln,
Wenn wir ein einzig nah beschränktes Gut
Auf dieser Erde nur besitzen möchten....
Wenn's Männer gäbe, die ein weiblich Herz
Zu schätzen wüßten, die erkennen möchten,
Welch einen holden Schatz von Treu' und Liebe
Der Busen einer Frau bewahren kann;
Wenn das Gedächtniß einzig schöner Stunden
In euern Seelen lebhaft bleiben wollte;
Wenn euer Blick, der sonst durchdringend ist,
Auch durch den Schleier dringen könnte, den
Uns Alter oder Krankheit überwirft;
Wenn der Besitz, der ruhig machen soll,
Nach fremden Gütern euch nicht lüstern machte:
Dann wär' uns wohl ein schöner Tag erschienen,
Wir feierten dann unsre goldne Zeit.

So schön als vielversprechend! Und da er, kühner werdend, von einer Liebe spricht, deren Geheimniß er dem holden Lied bescheiden anvertraut, erwidert sie da nicht:

Und soll ich dir noch einen Vorzug sagen,
Den unvermerkt sich dieses Lied erschleicht?
Es lockt uns nach, und nach, wir hören zu,
Wir hören und wir glauben zu verstehn;
Was wir verstehn, das können wir nicht tadeln,
Und so gewinnt uns dieses Lied zuletzt —

und schließt noch hoffnungsvoller:

Nicht weiter, Tasso! Viele Dinge sind's,
Die wir mit Heftigkeit ergreifen sollen:
Doch andre können nur durch Mäßigung
Und durch Entbehren unser eigen werden.

Aber ihre Zärtlichkeit hat etwas Mütterliches, wo nicht Tantenhaftes, und wäre sie nicht Prinzessin, so würde sie jedenfalls den Posten der Oberhofmeisterin verdienen, da sie die goldenen Worte spricht:

Leonore von Este.

Willst du genau erfahren was sich ziemt,
So frage nur bei edeln Frauen an.
Denn ihnen ist am meisten dran gelegen,
Daß alles wohl sich zieme was geschieht.
Die Schicklichkeit umgibt mit einer Mauer
Das zarte leicht verletzliche Geschlecht.
Wo Sittlichkeit regiert, regieren sie,
Und wo die Frechheit herrscht, da sind sie nichts.
Und wirst du die Geschlechter beide fragen:
Nach Freiheit strebt der Mann, das Weib nach Sitte.

Tritt hier aber nicht auch, dem liebenden Weib gegenüber, das Gefühl der Vornehmheit, der Unnahbarkeit zu sehr heraus, um nicht zu erkälten, wie ohnehin alles Lehrhafte thut?

Der liebenswürdigen Frische und Unternehmungslust der Nebenbuhlerin gegenüber ist sie durchaus sentimental und daher trotz des hohen geistigen Reizes, der sie umgibt, der alles adelt, was sie sagt, gegen dieselbe im Nachtheil. Daß Tasso ihr den Vorzug vor jener gibt, ist insofern ganz richtig, als er erstens absolut keinen Humor hat, weil ferner egoistische Naturelle sich abstoßen und er ganz gut fühlt, daß die Prinzessin ihn mehr um seiner selbst willen liebt als die Freundin. Diese liebt den Künstler, den Ruhm, jene ihn und dann erst sein Werk, seine Gedanken, Empfindungen, denen sie doch das feinste Verständniß entgegenbringt, während sie dieser viel gleichgültiger sind. Wenn er aber so der Prinzessin den Vorzug gibt, so fürchten wir, hätte sie nur zu recht bei ihrem oben geäußerten Zweifel, ob er im Besitze sich ruhig freuen möchte; im Gegentheil dürften dann bald die Reize Frau Leonorens ihm gefährlicher werden.

Meisterhaft zeigt uns Goethe, wie tief ihre Neigung für den Dichter ist, durch zwei Züge: erstens, daß sie nie von ihm spricht, ohne ihn zu vertheidigen, zu erklären, kurz seine Partie zu vertreten, und daß ihre Gedanken, wo immer sie auch hinschweifen, immer wieder zu ihm zurückkehren. Die feine Sensibilität, die sie überall zeigt, hat unstreitig etwas, das nicht ganz gesund ist, das mit ihren frühern Leiden zusammenhängt; es ist etwas Gebrochenes in diesem Charakter, das uns innig rühren kann, wenn es so keusch und zart wie hier auftritt; ist es nicht eine melancholische Art, die Liebe zu bekennen, wie sie thut, indem sie vom Freunde sagt:

Zu fürchten ist das Schöne, das Fürtreffliche,
Wie eine Flamme, die so herrlich nützt,
Solange sie auf deinem Herde brennt,
Solang' sie dir von einer Fackel leuchtet,
Wie hold! Wer mag, wer kann sie da entbehren?
Und frißt sie ungehütet um sich her,
Wie elend kann sie machen!

Und da ihr sein Verlust droht, wie malt sich die ganze seelenvolle Innigkeit des deutschen Weibes in den Worten:

Welch eine Dämm'rung fällt nun vor mir ein!
Der Sonne Pracht, das fröhliche Gefühl
Des hohen Tags, der tausendfachen Welt
Glanzreiche Gegenwart ist öd' und tief
Im Nebel eingehüllt, der mich umgibt.

Welch schwermüthiger Zauber in diesen Worten!

Diese Innigkeit des Wesens, diese Zärtlichkeit ohne rechte Leidenschaft, diese tiefe Neigung ohne Glut, das in unnahbarer Höhe Schwebende dieser Existenz hat denn auch wol der Künstler zu schildern gewünscht, als er die zarte Frauengestalt wiederzugeben unternahm, mit welcher der Dichter die deutsche Poesie um eine ihrer charakteristischsten und nationalsten Figuren beschenkt hat.

Leonore von Este.

F. Pecht gez.

Eugenie.

F. A. Brockhaus' Geogr.-artist. Anstalt Leipzig

Eugenie.

(Die natürliche Tochter.)

Goethe nennt irgendwo selbst den Hang zum Theoretisiren das Zeichen einer mangelnden oder doch ruhenden Productionskraft. Ein auffallendes Beispiel dieses Satzes sind die Werke unserer beiden großen Dichter, vorab die seinigen selbst. Was er einer Theorie zu Liebe in eine bestimmte Form gegossen, ist ihm nicht vollständig gelungen, trägt nicht den Stempel seines Genius. Tritt dies am meisten hervor in dem schwachen Producte seines Alters, dem zweiten Theile des „Faust", so doch kaum minder auch in der „Natürlichen Tochter", mit welcher wir uns hier zu beschäftigen haben und die noch in den Jahren seiner höchsten Kraft, gleichzeitig mit „Faust", „Hermann und Dorothea", entstanden ist. Sie gehört aber bekanntlich jener Periode seines Lebens an, in welcher er, mit Schiller der griechischen Kunstform huldigend, die Ansicht gefaßt hatte, daß alles Zufällige aus dem Kunstwerk ausgetilgt werden müsse, indem es seiner Würde und Höhe Eintrag thue. Das ist im ganzen sicherlich richtig; nur ist es bei allen ganz modernen Stoffen außerordentlich schwer zu unterscheiden, was zufällig, was wesentlich sei. Daher begegnete es ihm in der Anwendung, daß er bei diesem Stück unbarmherzig nicht nur das Zufällige, sondern auch das Individuelle in den Gestalten austilgte und so zu einem Kunstwerk kam, das Schlegel sehr richtig marmorglatt, aber auch marmorkalt nannte.

Und doch war der Stoff, die Zeit so glücklich gegriffen! Der französische Hof unmittelbar vor Ausbruch der Revolution: schien nicht dies Thema im vornhinein des größten Erfolgs sicher? Wie gewaltig hatte nicht „Werther", der den Zustand der Geister vor dem großen Zusammensturz, „Hermann und

Dorothea", wo seine erste Einwirkung auf uns geschildert wird, eingeschlagen. Die Ursache des Nichtgefallens ist leicht nachzuweisen. Goethe's größte Stärke liegt eben in dem Frischen, Ursprünglichen, in der Kraft des unmittelbar der Natur entnommenen und fast unmerklich in die edelste Form umgegossenen Ausdrucks, mit Einem Wort, in dem Naiven. In der „Natürlichen Tochter" dagegen verhält sich der Dialog in seiner Trockenheit zu dem im „Faust" z. B. wie harter, wenn auch feiner Zwieback zu frischem Brot. Er läßt auch die Charaktere altbacken bis zur Ungenießbarkeit erscheinen. Von jeder Naivetät ist auch die letzte Spur aus den Charakteren herausgetrieben, sie sind alle bisweilen sogar bis zum Unangenehmen bewußt.

Eugenie selbst z. B. wird uns als frisches, kühnes, ja verwegenes Mädchen von edelm, hochfliegendem Geiste geschildert, die Art, wie sie Goethe concipirt, ist seiner ganzen Größe würdig; aber wie wird uns zu Muthe, wenn dieses Mädchen, das eben noch durch den tollkühnsten Ritt beinahe das Leben verloren, aus der tiefen Ohnmacht erwachend, gleich dem König gegenüber anfängt:

Laß, o laß mich hier
Der völligsten Ergebung Glück genießen.
Wenn wir, in raschen, muthigen Momenten
Auf unsern Füßen stehen, strack und kühn,
Als eigner Stütze, froh uns selbst vertraun,
Dann scheint uns Welt und Himmel zu gehören.
Doch was, in Augenblicken der Entzückung,
Die Knie beugt, ist auch ein süß Gefühl.

Ja, wenn sie sofort zu politisiren beginnt:

Wie! Unser König achtet uns so sehr,
Um zu gestehen, daß er uns bedarf! . . .
Die Herzen dem Regenten zu erhalten,
Ist jedes Wohlgesinnten höchste Pflicht;
Denn wo er wankt, wankt das gemeine Wesen,
Und wenn er fällt, mit ihm stürzt alles hin.

Hat wol jemals im Leben ein sechzehnjähriges Mädchen, das niemals in der Welt gewesen, in der Einsamkeit auferzogen ist und nun eben der dringendsten Todesgefahr entging, auch nur entfernt so geredet, so gedacht? Daß sie allenfalls etwas Aehnliches dunkel fühlen kann, das war sicherlich richtig; aber nicht minder gewiß, daß sie dies Gefühl viel weniger pretiös und viel liebenswürdiger ausgesprochen hätte, wie dies ja auch die wahrlich nicht minder edel gehaltene und — viel ältere Iphigenie thut.

Halten wir uns an die richtige und schöne Conception und lassen die altkluge Form beiseite, so finden wir in Eugenie ein echtes Fürstenkind, durchaus hochstrebend, großartig, edelmüthig aufwallend, rasch und geistreich auffassend, wohlwollend und ehrgeizig zugleich und bei alledem ein Weib, dem neben den großen Geschicken der Staaten immer noch ein neues Kleid als das Wichtigste erscheint:

Der wichtigen Momente gibt's im Leben
Gar manche, die mit Freude, die mit Trauer
Des Menschen Herz bestürmen. Wenn der Mann
Sein Aeußeres in solchem Fall vergißt,
Nachlässig oft sich vor die Menge stellt,
So wünscht ein Weib noch jedem zu gefallen,
Durch ausgesuchte Tracht, vollkommnen Schmuck,
Beneidenswerth vor andern zu erscheinen.

Das wäre gewiß ein äußerst charmanter naiver Zug, wenn er weniger anspruchsvoll vorgetragen würde. Nicht minder menschlich liebenswürdig ist es, wenn sie Abschied nehmend in banger Ahnung sagt:

Verwaiste Väter sind beklagenswerth;
Allein verwaiste Kinder sind es mehr.
Und ich, die Aermste, stünde ganz allein
Auf dieser weiten, fremden, wilden Welt,
Müßt' ich von ihm, dem Einzigen, mich trennen —

oder sich ihres Gedichts freuend sich selber Beifall gibt:

So hast du lange nicht, bewegtes Herz,
Dich in gemessnen Worten ausgesprochen!
Wie glücklich! den Gefühlen unsrer Brust
Für ew'ge Zeit den Stempel aufzudrücken.

Wäre das mit dem Naturgefühl eines Clärchen energisch ausgesprochen, so könnte die Wirkung nie ausbleiben. Am anmuthigsten aber und echt weiblich ist es gedacht, daß Eugenie, neugierig wie alle Evatöchter, der Versuchung, den Schrank mit den Juwelen zu öffnen, trotz ihres ausdrücklichen Versprechens nicht widerstehen kann. Wie drollig liebenswürdig würde Goethe zehn Jahre früher diese Scene geschildert haben, während sie jetzt der Hofmeisterin, die ihr zuruft: „Gedenke des Verbots", hochweise entgegnet:

O meine Liebe! Was bedeutend schmückt,
Es ist durchaus gefährlich. Laß auch mir
Das Muthgefühl, was mir begegnen kann,
So prächtig ausgerüstet zu erwarten.

Wir sehen sie endlich, mit Gewalt fortgeführt, in der Hafenstadt eintreffen und da, entschlossen wie sie ist, alle Mittel aufbieten, sich zu retten, ohne daß es ihr anfangs gelänge. In dieser Noth hat sie der Künstler dargestellt, als Reisende nach Hülfe ausspähend, wie sie eben sagt:

So ist mir denn das schönste Königreich,
Der Hafenplatz, von Tausenden belebt,
Zur Wüste worden und ich bin allein.

Daß er ihr dabei das frische, edle, unverzagte und besonders auch das französische Gepräge aufzudrücken suchte, welches ohne Zweifel in Goethe's Intention lag, versteht sich wol von selbst; bestimmt sie doch ihr Hochsinn, verbunden mit der echt französischen Liebe zum Vaterlande, schließlich das Anerbieten der Hand des Gerichtsraths anzunehmen:

Diesem Reiche droht
Ein jäher Umsturz . . .
Und solche Sorge nähm' ich mit hinüber?
Entzöge mich gemeinsamer Gefahr?
Entflöhe der Gelegenheit, mich kühn
Der hohen Ahnen würdig zu beweisen,
Und jeden, der mich ungerecht verletzt,
In böser Stunde hülfreich zu beschämen?
Nun bist du Boden meines Vaterlands
Mir erst ein Heiligthum, nun fühl' ich erst
Den dringenden Beruf mich anzuklammern.
Ich lasse dich nicht los, und welches Band
Mich dir erhalten kann, es ist nun heilig.

[illegible]

[illegible]

[illegible] und besonders [illegible], welches [illegible] mit der [illegible] der [illegible]

[illegible]

E. Fechte gez.

Eduard.

F. A. Brockhaus Geogr.-artist. Anstalt Leipzig

Eduard.

(Die Wahlverwandtschaften.)

Wenn Goethe den Herren, welche das Fach der ersten Liebhaber in seinen Werken zu übernehmen haben, im allgemeinen meist sehr übel mitspielt, ihnen nicht nur wie billig viel Kreuz über den Hals schickt, sondern sie auch noch fast beständig eine sehr schlechte Rolle dabei spielen läßt, so ist das psychologisch vollkommen richtig, da ja die alte Erfahrung, daß Verliebtheit die Männer dümmer, die Frauen klüger zu machen pflegt, eine solche üble Behandlung vollkommen rechtfertigt.

Vielleicht am schlechtesten von allen jenen Leidenden kommt aber der erste Held der „Wahlverwandtschaften" weg, um so schlechter, als die außerordentliche Meisterschaft der Darstellung gar keinen Zweifel an der Wahrheit derselben in uns aufkommen läßt. Der Grund der ganzen Erscheinung liegt wol hauptsächlich darin daß das Lieben, welches bei uns Männern eben immer nur eine, wenn auch noch so interessante Nebenbeschäftigung sein sollte, im Roman oder Drama aber zur Hauptaufgabe des Liebhabers gemacht wird, was uns unvermeidlich sehr schlecht aussteht. Wir sind einmal hauptsächlich das, was wir thun, und haben den Frauen die dankbare Aufgabe zu überlassen, durch ein schönes Sein zu beglücken.

Baron Eduard aber beschäftigt sich, wie wir ihn sehen, blos mit der Liebe. Nur in ihr hat er es zur Meisterschaft gebracht, in allem andern ist er Dilettant durch und durch mit all dem unangenehmen und unmännlichen Beigeschmack, den der Dilettantismus den Männern immer gibt. Auch wenn es uns nicht gleich eingangs gesagt würde, so würden wir es aus seinem ganzen Benehmen sehen, daß er als Junge von seinem Vater nicht genug Schläge gekriegt hat, daß er von der gnädigen

Mama schrecklich verzogen wurde. Bei seinem Flötenspiel, bei seinen Gartenanlagen, beim Lesen, überall ist er beständig in Gefahr — uns lächerlich zu werden, wenigstens unser Achselzucken zu erregen, weil er alles mit ungeduldiger Hast, nichts mit Consequenz und Ernst treibt. Wie fein ist sein Gegensatz, der Hauptmann, ihm vom Dichter zur Seite gestellt! Auch dieser liebt, aber vor allen Dingen thut er das, wovon Eduard gar keinen Begriff hat: er arbeitet, und so wird weder er, noch Faust, dem die Liebe auch immer nur das zweite ist, jemals in Gefahr kommen, uns eine Art von unerbaulichem Mitleid zu erregen.

Durch zwei Züge allein hat der Dichter Eduard vor dem Schicksal behütet, uns vollends verächtlich zu werden wie Weislingen: er ist durch und durch liebenswürdig bei aller kindischen Ungeduld und ist brav in jedem Sinne. Er sucht den Krieg und den Tod, als es ihm schlecht geht und er nicht ein noch aus weiß.

Das ist männlich, nur sehen wir es leider nicht, sondern — hören nur so gelegentlich davon, während ein englischer Dichter allemal dafür sorgt, uns mit diesem Charakterzug seines Helden vor allen Dingen sehr genau bekannt zu machen, damit uns ja kein Zweifel darüber bleibe. Daß es der Dichter aber ganz unentschieden läßt, für was er sich schlägt, ist ein höchst bedeutsamer Zug nicht nur an Eduard's Porträt, sondern auch ein wenig an seinem eigenen und ganz besonders an dem der Zeit, in der das Buch entstand. Bekanntlich wurde es in den Jahren 1808—9 geschrieben, der Periode von Deutschlands tiefstem, hoffnungslosestem Fall, und so macht es uns denn heute einen eigenthümlichen Eindruck, eine Geschichte spielen, einen Mann in bevorzugter geselliger Stellung agiren zu sehen ohne allen erkennbaren Boden. Alle handelnden Personen sind Deutsche, die Scene geht sichtlich in Deutschland vor, aber alle localen Züge sind mit der größten Sorgfalt getilgt. Sie könnte ebenso gut im Monde spielen als in Germanien; jede Erinnerung an ein unterdrücktes, verrathenes, entwürdigtes Volk, an die traurigsten öffentlichen Zustände, die den unsichtbaren Hintergrund dieses Gemäldes bilden, fehlt. Und doch ist es lediglich dieser Hintergrund, der den Figuren des Dichters ihre Berechtigung gibt. Es ging den Deutschen in jener Zeit wie den

Juden. Ohne Vaterland und ohne Hoffnung, eins zu erringen, mußte sich alle Thätigkeit auf die Familie, auf die intimen Beziehungen des Herzens werfen, mußte jener krankhafte Zustand in der Seele der Männer entstehen, wie wir ihn in Werther, Wilhelm Meister, ganz besonders aber in Eduard geschildert finden.

Ins Jahr 1813 gestellt, ist Eduard ganz undenkbar. Er zieht aus, um unter einem Führer zu dienen, „wo der Tod wahrscheinlich, der Sieg gewiß ist". Dabei konnte sich Goethe damals blos Napoleon gedacht haben, also beschert er Eduard das glückliche Los eines Rheinbundskämpfers; er vermeidet es wohlbedacht, ihn mit der Glorie eines Streiters für das Vaterland zu umgeben. Solche hohe Empfindung hätte doch nothwendig der Seelenkrankheit, der er erliegt, Eintrag thun, seine Genesung herbeiführen müssen!

Die außerordentliche künstlerische Meisterschaft Goethe's zeigt sich vielleicht nirgends so wie bei seiner Schilderung des unruhigen, hastigen, heftigen, eigensinnigen, aber doch so liebenswürdigen Barons. Ueberall sehen wir den Mann von feiner Erziehung, dem das Schickliche nicht nur, sondern auch das Unschickliche auf eine anmuthige Weise zu thun theils angeboren, theils durch seine Umgebung von Jugend auf angelernt worden ist. Er ist Cavalier durch und durch, trägt keinen plebejischen Zug; während der ernste Hauptmann neben ihm durch sein Soldatenthum überall den geborenen Bürgerlichen durchblicken läßt, das knappe, stramme Wesen, den thätigen Geist, die beharrliche, pünktliche, mit Zeit und Geld genau umgehende Natur zeigt, so ist Eduard ein geborener Verschwender von beiden, hat ihren Werth nie recht kennen gelernt. Generös bis zum Exceß, ist er beharrlich wie ein Kind nur für eine Caprice, die ihm gleichgültig wird, sowie er sie befriedigt; ebenso hat er allenfalls befehlen gelernt, aber nie auch gehorchen wie der Hauptmann. Er ist voll Höflichkeit, aber sie ist von jener echt vornehmen Art, die nicht in dem Wohlwollen für den, mit welchem sie zu thun hat, wurzelt, sondern in dem Wunsch ebenfalls sehr zart angefaßt zu werden, weil man sehr empfindlich ist. So ist es gewiß einer der feinsten Züge, durch die uns Eduard lebendig gemacht wird, daß er, erfahrend, wie der Hauptmann mit Charlotten geringschätzig von seinem Flötenspiel gesprochen, sich sofort von allen Pflichten gegen beide entbunden fühlt. Daß er überhaupt nur Launen, aber keinen Willen hat, daß er nicht den kleinsten Versuch macht, diesen seiner unrechtmäßigen Neigung entgegenzusetzen, daß ihm der Begriff der Pflicht ganz zu fehlen scheint, sondern er blos Rechte kennt, das zeigt uns allerdings den verzogenen Sohn, es zeigt aber auch den Edelmann jener Zeit. Ueberhaupt schildert der ganze Roman, wie sorgfältig er auch jeder Anknüpfung von Ort und Zeit aus dem Wege gehe, dennoch die Verfassung einer ganzen Gesellschaftsschicht jener Periode unübertrefflich.

Begleiten wir nun den ungeduldigen Baron ohne sonderliche Sympathie auf allen seinen Wegen durch das ganze Buch, solange ihm noch ein Schimmer von Hoffnung bleibt, so können wir ihm unser Mitgefühl nicht versagen, da dieser verschwunden ist. Die Art, wie er langsam erlischt, wie er gar keinen Versuch macht, zu leben, sondern sich mit einer Art von Wonne langsam sterben läßt, ist erschütternd geschildert, und niemand wird dem liebenswürdigen Charakter eine Thräne versagen können, der sich so ganz vernichtet fühlt.

Auf dem Bilde finden wir ihn dargestellt, wie er an Charlotten vom Vorwerke aus schreibt und ihm die Ungeduld in allen Fingern sitzt, in jeder Miene zuckt. Schwarzlockig, blaß und gebräunt, von leichtem, elastischem Körperbau, eine durchweg glänzende Erscheinung, ist er doch viel mehr Cavalier als Soldat; obschon ein eleganter Reiteroffizier, geht ihm doch das Gefühl für strenge Disciplin, die zuletzt auch von sich, nicht nur von andern verlangt wird, die sich allmählich aufs Innere, nicht nur aufs Aeußere erstreckt, viel zu sehr ab; er ist nur zum Angriff gut, aber die Vertheidigung gelingt ihm überall schlecht.

Eduard.

Fr. Pecht gez.

Ottilie

F. A. Brockhaus' Geogr.-artist. Anstalt, Leipzig

Ottilie.

(Die Wahlverwandtschaften.)

Unstreitig verdankt der Künstler den größten Theil seiner Gestalten entweder der kühlen Naturbeobachtung, die rasch dieselben im Gewühl des Lebens zu erfassen und künstlerisch zu verwenden wußte, oder er dankt sie ausschließlich der in ihm schaffenden Kraft der Phantasie, welche dann das in der Natur nur in einzelnen Zügen Aufgefaßte zur Gestalt verarbeitet, mit ihrem Hauche den Lebensodem erst in die Form gießt. Ein viel kleinerer Theil zwar, aber sicherlich nicht der schlechteste seiner Figuren gehört dagegen dem Herzen des Bildners an, ist idealer Träger seiner stärksten und tiefsten Empfindungen oder Spiegelbild von Personen, die ihm theuer waren, die mit seinen intimsten Gefühlen, mit den zartesten Erlebnissen im Zusammenhang stehen.

Wie verändert auch das fertige Kunstwerk solche Gestalten widerspiegeln mag, so hat sie doch gewöhnlich des Dichters Neigung mit einer so eigenthümlichen Atmosphäre von Wärme umgeben, eine so geheimnißvolle Glut weht uns von ihnen entgegen, daß sie sich gar sehr von denen unterscheiden, die er blos seinem künstlerischen Talent verdankt. Sie sind in der Regel fehlerhafter als die übrigen, weniger richtig gezeichnet, weniger consequent durchgeführt, und dennoch nehmen sie uns mehr gefangen, sind bezaubernder für unsere Sinne, berauschender für unsere Einbildungskraft als alle andern. Das Dämonische der Leidenschaft, die sie geboren, scheint oft in lichten Flammen uns aus ihnen entgegenzulodern, jeder Berechnung und jeder kühlen Kritik zu spotten. Wer hätte das nicht gefühlt, wenn er die Königin in „Don Carlos“, Maria Stuart, Thekla, wenn er Mignon, Gretchen oder unsere Ottilie sprechen hörte?

Glaubt man nicht des Dichters Stimme bei ihrer Schilderung weicher werden, zu zittern und stocken zu hören? Spricht nicht ein schmerzlich-süßes Erinnern, verhaltene Wehmuth aus jedem Zug; ist es die Abendröthe eines heißen Tags oder die letzte Glut einst schwer gebändigter Flammen, die jene geliebten Züge mit ihrem goldenen Scheine umgibt? Oder was wäre es denn, was Ottiliens Formen jenen traumhaften Reiz verleihen konnte, der sie in Goethe's Schilderung überall umfließt? Ist Charlottens klare, edle, reine Zeichnung die Frucht seines Genius, so hat der Dichter bei Ottilie mit seinem Herzblut gemalt: wir verdanken sie ganz der Inspiration eines aufs tiefste erregten Gemüths. Freilich schafft man dergleichen niemals in der Stunde der Leidenschaft selber, sie muß erloschen sein, ausgeglüht haben; aber wer hätte einst geliebt und sähe nicht mit Wehmuth auf jene holden, süßblutenden Wunden zurück? Man wünscht nicht, daß sie wieder aufbrechen; aber der Künstlernatur gewährt es die sicherste und schönste Befriedigung, die eigene Schöpferkraft zur Verherrlichung der Geliebten zu verwenden, sie auf den Wogen der Töne, im strahlenden Glanz der Farben zur Unsterblichkeit emporzutragen: es ist das der herrlichste Abschluß, den der Genius der Geliebten zur Genugthuung, sich zur Befreiung verschaffen kann, denn „was im Gesang soll leben, muß im Leben untergehn".

So ist denn auch Minna Herzlieb, die ihre schönen Züge zu Ottiliens Bild geliehen, durch die Unsterblichkeit für die Leidenschaft belohnt worden, die sie einst dem achtundfunfzigjährigen Dichter einzuflößen gewußt, welche sie ihm entgegengebracht hatte. Und wahrlich, kaum je wurde dem Frauenreiz eine schönere Huldigung dargebracht als in diesem Meisterwerk, das von solch künstlerischer Vollendung zeugt, daß man sich fast nicht daran wagen mag, es in seinen Einzelheiten zu zergliedern. Ist doch eine scheue, keusche Mädchenhaftigkeit über der schlanken Gestalt ausgegossen, daß man ihr schon durch einen scharfen Blick zu nahe zu treten fürchtet! Ottilie liebt freilich mit aller Hingebung, aber sie weiß es ja kaum, oder vielmehr sie weiß gar nicht mehr, daß es noch etwas anderes gibt als Liebe Eduard gegenüber. Es ist etwas Nachtwandlerisches in ihr, und wir sehen dem schönen Kinde mit athemloser Angst nach auf ihrem gefährlichen Wege, an dessen Ende sie dem zerschmetternden Sturz in die Tiefe nicht entgehen kann; wir fühlen uns gebunden wie im Traum, sehen wir sie in der Erzählung so nothwendig, so unaufhaltsam und doch so anscheinend ruhig und gelassen dem tragischen Ende mit unvermeidlicher Nothwendigkeit zuschreiten. Nichtsdestoweniger würde ihr Schicksal uns schwerlich so ergreifen, wäre es nicht hier, wie nur sehr selten, der Kunst gelungen, uns mit solcher Anschaulichkeit eine tief innerliche, reiche und seelenvolle Natur in ihr zu schildern, die, vom starken Naturtrieb wie von einem mächtigen Strome erfaßt, sich ihm überlassen muß, ohne auch nur den Versuch des Widerstandes zu machen. Der erschütternde Eindruck des Verhängnisses, dem sie verfällt, die zum Beseligen eines Mannes wie geschaffen scheint, wird besonders dadurch erhöht, daß sie allen andern Dingen außer denen, die mit der unwiderstehlichen Leidenschaft in directer Verbindung stehen, das zarteste Gefühl, die anscheinend feinste Beobachtung zuzuwenden vermag und sie doch immer nur wieder von der Seite her erfaßt und durchdringt, wo sie mit jener in Zusammenhang zu bringen sind, wie uns ihr Tagebuch beweist, aus dem wir hier einige Stellen anführen, welche diese Züge ihres Charakters besonders bezeichnen:

> Es gibt mancherlei Denkmale und Merkzeichen, die uns Entfernte und Abgeschiedene näher bringen. Keins ist von der Bedeutung des Bildes. Die Unterhaltung mit einem geliebten Bilde, selbst wenn es unähnlich ist, hat was Reizendes, wie es manchmal etwas Reizendes hat, sich mit einem Freunde zu streiten. Man fühlt auf eine angenehme Weise, daß man zu zweien ist und doch nicht auseinander kann.
>
> Wir blicken so gern in die Zukunft, weil wir das Ungefähre, was sich in ihr hin- und herbewegt, durch stille Wünsche so gern zu unsern Gunsten heranleiten möchten.
>
> Wir befinden uns nicht leicht in großer Gesellschaft, ohne zu denken: der Zufall, der so viele zusammenbringt, solle uns auch unsere Freunde herbeiführen.

Wie rührend ist die Sanftheit, die geduldige Ergebung, verbunden mit der unerschütterlichsten Treue und Beharrlichkeit in der Empfindung, wie sie sich in den folgenden Stellen ausspricht:

> Man läßt sich seine Mängel vorhalten, man läßt sich strafen, man leidet manches um ihrer willen mit Geduld; aber ungeduldig wird man, wenn man sie ablegen soll.

Ottilie.

Gewisse Mängel sind nothwendig zum Dasein des Einzelnen. Es würde uns unangenehm sein, wenn alte Freunde gewisse Eigenheiten ablegten.

Große Leidenschaften sind Krankheiten ohne Hoffnung. Was sie heilen könnte, machte sie erst recht gefährlich.

Diese totale Passivität, diese Unfähigkeit zum Handeln neben solcher Unwandelbarkeit im Wollen, im zähen Festhalten des einmal Erfaßten sind ebenso rührend als echt deutsch-frauenhaft.

Ruhig am Ufer stehend, hat man gut dem vom Strudel Erfaßten zurufen: drehe dich nicht; die Unwiderstehlichkeit des Elements spottet deshalb nicht minder seiner Anstrengungen wie unsers Raths. Ottilie geht unter mit offenen Augen; sie fällt nicht, sie wird erdrückt. Das schöne Herz, das Pflicht und Liebe nicht mehr zu vereinigen im Stande ist, es bricht.

Der Künstler hat sie lustwandelnd in der Nähe des Teichs dargestellt, der ihr so verhängnißvoll werden soll, und in ihren großen, halbgeschlossenen Augen, dem leicht geöffneten Mund, der schwebenden Haltung des Körpers, dem fliegenden Haar etwas von dem somnambulen Wesen, der mächtigen, aber unbewußten Sinnlichkeit auszusprechen gesucht, welche das süße Geschöpf mit einem so unsaglichen Reiz umgeben, daß wir uns zum Tadel niemals, desto mehr aber zum tiefsten Mitleid bei ihr gestimmt fühlen, wenn wir auch die vollkommene Gerechtigkeit, die sittliche Nothwendigkeit ihres Untergangs so wenig zu leugnen vermögen, als sie der Dichter ihm entziehen konnte.

Fr. Pecht sc.

Stella.

F. A. Brockhaus' Geogr.-artist. Anstalt, Leipzig

Stella.

(Stella.)

Wenn ein großer Meister und ein Pfuscher beide etwas Schlechtes schaffen, so findet darum bekanntlich immer noch ein gar sehr erheblicher Unterschied zwischen ihren Producten statt. Ja, diese Differenz ist auch dann noch vorhanden, wenn der Pfuscher etwas Gutes gemacht hat: selbst in diesem Falle wird die Arbeit des Meisters mehr werth sein als die seinige. Es wird ihr eine innere Lebenskraft innewohnen, die der erstere niemals zu erreichen fähig ist. Dieser kann einmal einen guten Wurf thun, wie ein blindes Huhn eine Perle findet, und mag, getragen von dem glücklichen Stoff, etwas verhältnißmäßig Ueberraschendes zu Wege bringen. Er kann uns aber blos verblüffen, neugierig und gespannt, das heißt dumm machen, und sowie dieser interessante Seelenzustand vorbei ist, sehen wir auch gleich das Fadenscheinige des ganzen Machwerks; wir lachen über den Pappendeckel und die Drähte, die uns einen Augenblick Puppen für Menschen halten ließen. Dem Meister dagegen mislingt einmal dieser erste Wurf, ja, es mislingt ihm vielleicht sogar eine einzelne Figur; aber sicherlich finden wir bei genauer Untersuchung immer noch bewunderuswerthe und bedeutende, jedenfalls aber vollkommen lebendige Gestalten genug in seinem schlechtesten Werke, um einen gewöhnlichen Handwerker damit zum reichen Mann zu machen.

So geht es denn auch mit der berufenen „Stella" Goethe's, ohne Zweifel einem in seiner ersten Anlage verfehlten Stück; aber wenn uns der Held desselben als durchaus mislungen, der Conflict unbefriedigend gelöst erscheinen müssen, so zeigen die übrigen Figuren immer noch deutlich genug den Griffel eines großen Seelenmalers, eines Künstlers, der frischweg aus ganzem Holze schnitzt, der seine Gestalten lebendig vor sich gesehen hat, sie nicht wie der Stümper mit Reminiscenzen aus den Kunstwerken anderer mühsam zusammenflickte.

Wie vortrefflich ist die geschäftige Frau Postmeisterin, die ein so dringendes Bedürfniß empfindet, wieder zu heirathen, und ihre Zunge fast noch mehr in Bewegung setzt als die Hände, die laufende Lästerchronik des Orts — im übrigen eine wohlwollende Person, wenn sie die Dienstboten erst durchgeprügelt hat. Wie trefflich sind selbst der faule Aufwärterjunge und der fröhliche durstige Postillon, das naive Annchen mit wenigen Meisterstrichen hingezeichnet; wie natürlich, zwanglos und überall dem Leben abgelauscht ist der ganze Dialog bis auf den steifleinenen, beständig zwischen moralischem Katzenjammer und Verlegenheit hin- und herschwankenden Fernando, der offenbar in einer der unglücklichen Stunden auf die Welt kam, in denen der schöne Dichter, um den sich die Frauen rissen und der sich deshalb in der ersten weimarischen Periode „bei allen hübschen Gesichtern herum log und trog", selber in solcher mislichen Stimmung über allerhand angerichtetes Herzbrechen sich befand und dasselbe nach seiner Weise durch diese poetische Beichte loswerden wollte.

Stella selbst hat er deshalb wol im Gefühle einer Schuld zur Genugthuung mit aller Liebenswürdigkeit ausgestattet, die ihm bei Schilderung von Frauencharakteren in so hohem Grade zu Gebote stand. Wer läse das Stück und sähe sie nicht leibhaft vor sich, die schlanke und doch üppige Gestalt mit ihrem schwankenden, ungleichen und doch so anmuthigen Gang, ewig des Anlehnens bedürftig, mit einem Herzen, das lediglich im Lieben Befriedigung findet, einem Geist, der ewig den Kammerdiener dieses Herzens zu spielen berufen ist, der nur seine Aufträge möglichst schnell und geschickt auszurichten hat, gleichviel ob sie thöricht oder gescheit seien, einer Vernunft, die wie eine guteingeschulte Duenna allemal dann verschwindet, wenn sie erst recht dableiben sollte; wer sähe nicht die blonde weiche Lockenfülle, aus der das schöne Oval des lieblichen Kopfes heraussieht mit großen, tiefblauen, eigentlich ewig lachenden Augen, die jetzt fast immer halbgeschlossen sind, um ihren Glanz zu verbergen, nur von Zeit zu Zeit einen leuchtenden

Blitz verstohlen schießend, dem halbgeöffneten, schmachtenden Mund und dem herrlichen durchsichtigen, fortwährend zwischen weiß und roth wechselnden Teint, den kleinen Händen, die nie gearbeitet haben, aber zum Liebkosen so geschickt sind, und der melodischen Stimme, die wie ein silbernes Glöckchen dem Alt der strengen Frau Sommer gegenüber erklingt? Alle Welt liebt das weiche, zärtliche Wesen; selbst die Frau Postmeisterin meint zu Lucien:

> Wer um unsere gnädige Frau lebt, ist glücklich.... Auch ist sie die beste Seele von der Welt, und ihre ganze Freude ist mit Kindern. Sie läßt sich von Bauersmädchen aufwarten, bis sie ein Geschick haben, hernach sucht sie eine gute Condition für sie.

Schön wie ein Engel ist sie nach derselbigen Autorität, wenn auch der Kummer sie blässer gemacht und einem Antlitz, das blos zum Lächeln geschaffen schien, einen Zug tiefer schmerzlicher Vereinsamung eingeprägt hat. Eine Frau, die nicht geliebt wird, fühlt sich immer allein, sucht immer Beschäftigung, und findet sie keine, die sie ausfüllt, so wird sie dann hastig und hastiger; darum hören wir sie denn auch bei Luciens Ankunft sagen:

> Ich kann sie kaum erwarten. Was das für ein Wünschen, ein Hoffen ist, bis so ein neues Kleid ankommt!

Sie ist gemacht, das Leben eines Menschen zu schmücken, ihm tausend schöne Stunden zu bereiten, wenn er vom Ernst der Arbeit sich zu ihr wendet; sie selber ist zu dieser nicht geschickt, sie kann nur liebenswürdig reizend spielen und lieben, wie sie zu Frau Sommer sagt:

> Sie haben geliebt! O Gott sei Dank! Ein Geschöpf, das mich versteht! das Mitleiden mit mir haben kann! das nicht kalt zu meinen Schmerzen dreinblickt! — Wir können ja doch einmal nicht dafür, daß wir so sind.

Sie ist offen und rasch entschlossen und gelegentlich ganz allerliebst naiv, wie da, wo sie sagt:

> Fühlen Sie, welche Wohlthat Sie mir thun, wenn Sie bleiben! O ich darf nicht allein sein! Liebe, ich hab' alles gethan, ich hab' mir Federvieh und Reh' und Hunde angeschafft; und lehre kleine Mädchen stricken und knüpfen, nur um nicht allein zu sein —

und gleich der Madame Sommer den Antrag macht, sich mit in diese Kategorie der Lückenbüßer zu begeben. Sie ist aber auch geist- und phantasiereich, sobald es sich um ihre Herzensangelegenheiten handelt, wie wir aus ihrer Aeußerung sehen:

> Die Gestalt des Menschen ist der Text zu allem, was sich über ihn empfinden und sagen läßt —

ein Wort fürwahr, das sie jedem Künstler aus der Seele spricht.

Es ist einem solchen Charakter ganz entsprechend, daß sie Fernando bei seiner Wiederkehr gar nicht erst fragt, warum er fort sei, sondern entzückt zur Statue der Venus ruft:

> Siehst du ihn, Göttin? Er ist wieder da! Wie oft bin ich Thörin auf- und abgelaufen, hier, und habe geweint, geklagt vor dir.

Fragt man doch nicht, warum die Sonne wieder aufgeht, und ist nicht die Liebe für sie das einzige Lebenslicht? Es ist daher eine bloße Bemerkung über das Wetter, wenn sie zum Geliebten sagt:

> Nun Fernando, wie ich spüre, gescheiter bist du nicht geworden.... Gott verzeih' dir's, daß du so ein Bösewicht, und so gut bist.

Daß Stella wahrhaft seelengut ist, sehen wir aber auch noch aus dem rührenden Zuge, daß sie den Mann ihrer Liebe, den sie eben wiedergefunden, doch gleich wieder fortschickt, um die beiden Frauen zu holen, die sich eben fortgemacht, um ihn zu fliehen; eine egoistische Natur würde den Bedienten geschickt haben, sie aber will nicht nur niemand in ihrer Nähe leiden lassen, während sie glücklich ist, sie will auch auf die zarteste Weise wohlthun.

Daß dies süße Geschöpf sich in dem Manne seiner Wahl getäuscht, einem Elenden alles, Stellung in der Welt, Familie, Reichthum, Ehre geopfert hat, ist das nicht hinreichend, einem Leben, das sie so grausam betrogen, freiwillig Lebewohl zu sagen?

www.ingramcontent.com/pod-product-compliance
Lightning Source LLC
Chambersburg PA
CBHW051250300426
44114CB00011B/969

* 9 7 8 3 7 4 2 8 1 6 2 7 6 *